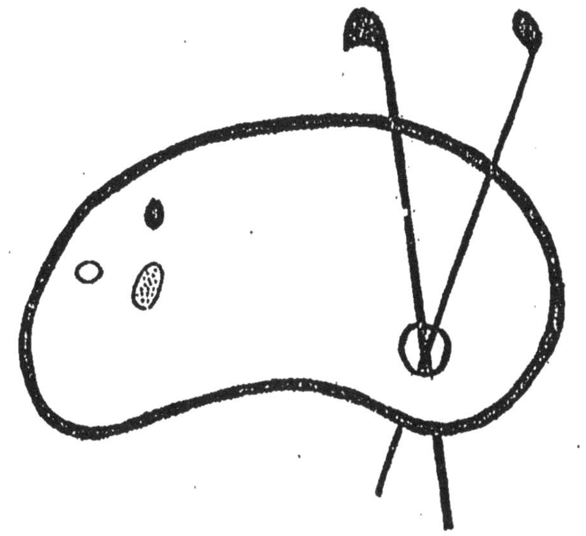

COUVERTURE SUPERIEURE ET INFERIEURE
EN COULEUR

CODE

DU CÉRÉMONIAL

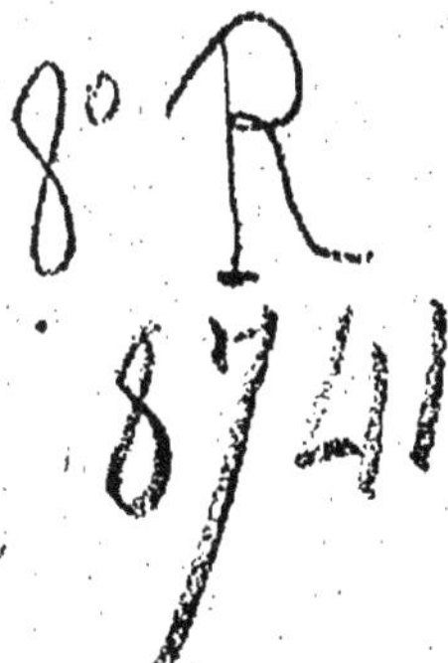

PARIS. — IMPRIMERIE E. CAPIOMONT ET Cie
6, RUE DES POITEVINS

CODE
DU
CÉRÉMONIAL

GUIDE DES GENS DU MONDE
DANS
TOUTES LES CIRCONSTANCES DE LA VIE

PAR

Mme LA COMTESSE DE BASSANVILLE

TRENTE-TROISIÈME ÉDITION

PARIS
ALFRED DUQUESNE, ÉDITEUR
16, RUE DE LA SORBONNE, 16

AU LECTEUR

Depuis longtemps déjà, le livre que nous publions aujourd'hui faisait défaut dans la bibliothèque des gens du monde : les usages, l'étiquette, les obligations diverses que la société impose à ceux qui vivent au milieu d'elle changent fréquemment, et bien que les principes généraux soient les mêmes, bien que la politesse et la civilité soient de tous les temps et de toutes les époques, cependant il n'est personne qui ne se soit senti, dans mainte circonstance, embarrassé et hésitant.

En effet, et en dehors des règles de la politesse essentielle, il est certaines conventions adoptées par la bonne société, et qui, érigées en obligations absolues, ne doivent, sous aucun prétexte, être négligées par l'homme comme il faut. *Chaque jour on se demande si telle démarche est convenable, adoptée, reçue; on est incertain sur la tenue qui doit être préférée, sur les questions d'heures, de délais. Et alors on regrette de n'avoir pas à sa disposition, à portée de soi, un guide sûr, un conseiller expérimenté qui vous édifie sur ces questions si futiles en apparence, si importantes en réalité.*

Une démarche faite mal à propos, un oubli involontaire des convenances peuvent souvent avoir l'influence la plus grave sur votre avenir. Ne dédaignons rien; les petits détails ont leur valeur.

C'est à cet ordre de considération que répond notre livre: mais là ne se borne pas sa tâche; le lecteur y trouvera des renseignements précieux sur les exigences légales qui entourent chacune des circonstances de la vie, Naissance, Décès, Mariages, Enterrements. Là, encore, la confusion est grande, et il est important de ne pas oublier telle ou telle formalité dont l'omission entraînerait la nullité d'un acte de la plus haute importance.

Bien des livres ont déjà été publiés qui tentaient de combler cette lacune, mais surchargés la plupart du temps de détails inutiles, ils laissaient de côté les renseignements les plus intéressants. L'ouvrage que nous publions aujourd'hui se tient à égale distance de ces deux excès; les matières y sont méthodiquement classées et s'offrent clairement aux recherches du lecteur; nous avons donc la conviction d'avoir rempli la tâche que nous nous étions imposée, et le Code du Cérémonial *a sa place marquée sur les rayons de l'homme du monde et sur la table de toutes les femmes* comme il faut.

Ce petit livre n'a, d'ailleurs, qu'une seule prétention, qu'une seule ambition : Être utile.

NOTE DE L'ÉDITEUR

Arrivé aujourd'hui à un nombre considérable d'éditions successives, nous n'ajouterons qu'un mot à cette préface.

Le succès obtenu par le *Code du Cérémonial* devait nécessairement donner naissance à d'autres ouvrages analogues; tous ceux qui ont paru jusqu'à ce jour ne sont que de pâles copies du livre de madame de Bassanville. Le public en a fait justice, et le *Code du Cérémonial* reste toujours le seul qui mérite réellement l'accueil favorable qui lui a été fait dès sa première édition.

PREMIÈRE PARTIE

CHAPITRE PREMIER

DEMANDE EN MARIAGE

PRÉSENTATION — VISITES

DEMANDE EN MARIAGE

La demande en mariage est une des démarches les plus délicates de la vie ; et le jeune homme qui désire se marier doit s'attacher, avec le plus grand soin, à ne commettre aucune de ces erreurs, dont la moindre peut quelquefois empêcher le bonheur de toute sa vie.

Si vous avez rencontré dans le monde une jeune personne qui vous plaise et que vous désiriez épouser, vous devez charger des amis communs de s'adresser à la famille de cette jeune fille, pour savoir si votre demande sera agréée.

Il est absolument contraire aux usages de faire soi-même cette démarche. Si les amis que vous avez chargés de cette demande vous apportent un refus, vous devez au moins pendant quelque temps rester, à l'égard de la jeune fille, sur le pied que vous occupiez avant cette démarche.

Toute allusion au refus encouru serait, on le comprend, du plus mauvais goût.

Si l'on ne connaît personne qui soit en rapport avec la famille de la jeune fille, on peut s'adresser au curé de sa paroisse, si cette famille est catholique, ou au pasteur si elle est protestante, ou encore au rabbin, si elle est israëlite, et le prier de vouloir bien se charger de cette démarche. Souvent encore on confie cette mission au notaire de la famille.

Mais, soit que l'on s'adresse au notaire, au pasteur, au curé ou au rabbin, il est indispensable de se faire d'abord recommander à eux par quelque personne respectable et dont le témoignage soit indiscutable.

Si la réponse de la famille est favorable, vous demandez alors à lui être présenté.

PRÉSENTATION

Cette présentation a lieu ordinairement sans que la jeune fille soit présente.

C'est habituellement dans cette première visite que doivent se traiter les affaires d'intérêts.

Le père ou le tuteur de la jeune fille questionnent le jeune homme sur sa position, sa fortune, ses occupations, etc.

Ces détails ayant déjà été communiqués aux parents de la jeune fille par le mandataire que le jeune homme a choisi, le père ou le tuteur déclarent ses réponses satisfaisantes, et font connaître le chiffre de la dot de la jeune fille, ses espérances, etc.

Puis ils invitent le jeune homme à revenir, en fixant l'heure et le jour de sa prochaine visite.

Au cas où les parents de la jeune fille ne trouvent pas satisfaisantes les réponses du jeune homme, ils ne font pas connaître le chiffre de la dot, et demandent quelque temps pour réfléchir.

Le jeune homme ne doit pas insister, ni par lui-même, ni par des amis : il doit attendre qu'on le rappelle, si les réflexions lui ont été plus favorables.

Si au contraire sa demande est agréée immédiatement, il doit venir fort exactement faire sa visite à l'heure qui lui a été fixée.

Une toilette trop cérémonieuse est de mauvais goût, une toilette trop négligée décèlerait un manque absolu de savoir-vivre.

VISITES

La famille de la jeune fille a dû choisir, pour cette entrevue, un jour et une heure où la visite d'aucun étranger n'est attendue. La jeune fille est au milieu de ses parents ; sa toilette est simple, mais très-soignée.

La jeune fille doit avoir été prévenue de la demande du jeune homme, mais aucune allusion ne doit être faite à ce sujet pendant cette première entrevue.

Si cette première entrevue paraît satisfaisante au jeune homme, il doit faire adresser une demande par sa famille à celle de la jeune fille, pour être admis dans la maison à titre de *prétendu.*

Cette démarche est faite par le père du jeune

homme, ou à son défaut par sa mère, un proche parent, ou même un ami.

Dès que l'agrément des parents de la jeune fille a été obtenu, le jeune homme va immédiatement faire, à la famille de sa prétendue, une visite de remerciement; mais il écrit d'abord pour demander l'heure à laquelle il peut être reçu.

La jeune fille ne doit pas se trouver avec sa famille au moment de l'arrivée du jeune homme; on la fait appeler après l'échange des paroles de remerciement et d'acceptation.

On lui présente alors le jeune homme comme son futur mari.

Mais cette présentation est une chose de forme seulement; car la jeune fille doit être préalablement prévenue, afin d'éviter, soit la surprise, soit le mécontentement, soit le chagrin.

A dater de ce moment, le jeune homme est reçu *intimement,* mais non *familièrement* dans la maison. Cette distinction est délicate, nous allons l'expliquer. Ce serait, par exemple, manquer absolument de savoir-vivre que de ne pas se présenter toujours dans une toilette soignée. La jeune fille ne peut, de son côté, recevoir son prétendu en négligé.

Les prétendus ne doivent pas s'appeler simplement par leur nom de baptême; ils doivent toujours ajouter à ce nom, *monsieur, mademoiselle,* soit qu'ils s'adressent l'un à l'autre, soit qu'ils parlent à des tiers.

Si, après avoir été admis dans une maison comme prétendu, des raisons graves vous donnent le désir de vous retirer, vous devez apporter dans cette rupture les plus grands ménagements.

Le plus ordinairement, on prétexte soit une maladie, soit un voyage qui vous obligent à suspendre vos visites ; puis on écrit directement au père ou au tuteur de la jeune fille une lettre respectueuse dans laquelle on exprime tous ses regrets d'être forcé de se retirer par des raisons qui tiennent à des affaires de famille impossibles à expliquer, etc.

A dater de ce jour, on doit cesser d'aller dans toute maison où l'on est exposé à rencontrer soit la famille, soit la jeune fille qu'on a été obligé de refuser.

Si, à la première visite que le jeune homme a faite à la famille de la jeune fille, les conditions, soit comme dot, soit comme espérances futures de la jeune fille n'ont pas satisfait le jeune homme, il doit le lendemain écrire à la famille, non une lettre de refus, mais une lettre où il annonce un petit voyage, le privant du plaisir de faire la visite à laquelle il avait été autorisé, etc.

Une fois admis dans la maison comme prétendu, le jeune homme doit y venir très-souvent ; mais toujours en cérémonie, et, chaque jour de sa visite, il doit se faire annoncer par un bouquet qu'il envoie à sa fiancée.

Si c'est une demoiselle d'un âge mûr ou une veuve qu'on désire épouser, c'est-à-dire une femme n'ayant plus sa famille, et par conséquent maîtresse de sa main, ce n'est pas à elle qu'on doit s'adresser pour connaître ses intentions ; c'est à son notaire, ou à une de ses amies intimes ; on s'abstient de toute visite chez elle jusqu'à ce que réponse vous soit rendue.

Si votre demande est acceptée, vous envoyez aussitôt un bouquet, avec un billet pour demander à quelle heure vous pouvez être reçu.

En cas de refus, il faut continuer à rendre des visites; mais seulement on les fait de loin en loin, et on ne se présente qu'aux heures où on est assuré de rencontrer d'autres visiteurs. Enfin, si on a le désir de rompre toutes relations, on le fait peu à peu et avec ménagement.

Il est du plus mauvais goût de parler à une femme de son refus, soit franchement, soit par voie détournée.

Il est bien entendu qu'on ne doit jamais discuter d'affaires d'intérêt avec sa prétendue, on charge de ce soin un notaire ou un ami commun.

Un mariage doit se garder secret jusqu'au moment où le contrat est parfaitement arrêté, et c'est seulement quelques jours avant sa signature, qu'on l'annonce officiellement à ses amis.

Dès qu'un mariage est officiellement annoncé, une jeune fille ne doit plus se montrer en public, c'est-à-dire dans le monde ou au théâtre; de plus, le père et la mère de la jeune fille *ferment* leur maison, c'est-à-dire qu'ils ne reçoivent plus que les membres de leur famille, ceux de la famille du jeune homme et leurs amis les plus intimes.

CHAPITRE II

FORMALITÉS CIVILES

PIÈCES NÉCESSAIRES
PUBLICATION
DES BANS EN PROVINCE ET A PARIS

PIÈCES NÉCESSAIRES

Les pièces nécessaires au mariage civil sont :

1° L'acte de naissance.

2° Si l'un des futurs est orphelin de père ou de mère, les actes de décès des défunts.

Ces actes se demandent à la mairie de l'arrondissement de Paris ou de la ville où a été faite la déclaration de naissance ou de décès.

Chacun de ces actes coûte deux francs. Si vous écrivez à une mairie des départements pour les demander, vous devez joindre à votre lettre le prix de l'acte et de l'affranchissement du retour.

Ces actes doivent être légalisés; pour cela on les présente au greffier du tribunal qui, au bout de quelques jours les rend en règle.

Les personnes qui ne pourraient pas présenter leur acte de naissance peuvent y suppléer en apportant un acte de notoriété délivré également par la mairie, acte revêtu de la signature de quatre témoins respectables.

PUBLICATION DES BANS EN PROVINCE ET A PARIS

La publication des bans doit avoir lieu à la mairie de l'arrondissement où demeure le futur et aussi à la mairie de l'arrondissement où demeure la prétendue. Si donc le futur et la prétendue ne demeurent point dans le même arrondissement, il faut faire des démarches à chacune des deux mairies. La publication des bans a lieu sur la présentation des pièces en règle [1].

Au cas où les ascendants immédiats (père et mère) des prétendus sont vivants, il faut joindre aux pièces ci-dessus leur consentement par écrit.

La publication des bans a lieu à la mairie deux dimanches de suite : aucune dispense ne peut être obtenue. Il est donc nécessaire de déposer ses papiers à la mairie le jeudi soir ou le vendredi matin au plus tard.

Les bans doivent être publiés dans le pays ou le quartier que vous habitez depuis six mois *au moins.*

Il y a des villes de province où l'on exige qu'un militaire fasse aussi publier ses bans dans le pays habité par sa famille. Quand un officier présente ses papiers à la mairie du pays où il doit se marier, il faut qu'il s'informe auprès du maire si cette formalité est exigible.

Un militaire joindra aux actes civils que doit

1. Voyez page 31 pour la publication des bans à l'église.

présenter tout homme qui veut se marier, une permission du ministre de la guerre.

Cette permission s'obtient en s'adressant d'abord au colonel du régiment qui transmet la demande au ministère.

Un officier ne peut obtenir du ministre la permission de se marier que si la jeune fille qu'il veut épouser peut justifier d'une dot de trente mille francs parfaitement assurée ou d'une rente de douze cents francs.

CHAPITRE III

DU CONTRAT
&
DE LA CORBEILLE DE MARIAGE

HONORAIRES DU NOTAIRE — BASES DU CONTRAT SIGNATURE — PRÉSENTS

DU CONTRAT ET DE LA CORBEILLE DE MARIAGE

Le contrat se signe ordinairement dans le cabinet du notaire.

A Paris, dans les grandes maisons, et en province dans les maisons notables, c'est au contraire le notaire qui vient dans la famille de la jeune fille. Du reste, rien n'est fixé à cet égard.

Dans certaines familles on fait du jour de contrat un jour de fête; dans d'autres, cet acte se signe seulement en présence des personnes intéressées. Mais dans l'un ou l'autre cas, si le notaire est allé faire signer le contrat dans la maison de la future, il doit être invité à dîner, que cette signature ait lieu avant ou après le repas.

HONORAIRES DU NOTAIRE

Le prix du contrat était réglé autrefois selon un tant pour cent sur la dot; aujourd'hui, ce prix est débattu à l'amiable avec le notaire qui, le plus souvent, laisse ses honoraires à l'appréciation de ses clients.

BASES DU CONTRAT

Les bases du contrat doivent être parfaitement arrêtées entre les parties avant que le jour soit pris pour sa signature; car une discussion d'intérêts, ce jour-là, serait du plus mauvais goût.

Si on ne peut pas se mettre d'accord et qu'on veuille rompre, soit d'un côté, soit de l'autre, on doit le faire avec des formes polies et prendre un prétexte pour se retirer.

SIGNATURE

C'est un grand honneur que d'obtenir au contrat la signature du Souverain, d'un prince du sang ou d'un haut dignitaire de l'État.

Tout ce qui concerne les frais d'actes de mariage est payé par le futur mari.

Après que le notaire a fini la lecture du contrat, le futur se lève, salue sa fiancée comme pour lui demander son approbation, signe l'acte et lui offre la plume. Elle signe à son tour, puis offre la plume à la mère du fiancé, qui la donne après à la mère de la future. Les deux pères signent ensuite, et après eux tous les membres des deux familles; par ordre d'âge en général.

On désigne alors au notaire les personnes chez lesquelles on désire que le contrat soit envoyé.

PRÉSENTS

C'est le jour du contrat que le jeune homme envoie à sa fiancée les présents dits : *corbeille de mariage.* Lorsqu'il doit y avoir une fête, on les expose dans la chambre de la jeune fille en y mêlant des fleurs, et ses amies viennent les admirer.

C'est le même jour qu'on fait l'exposition du trousseau de la mariée.

Un homme sage ne doit montrer aucune exagération dans les présents qu'il fait à sa future.

Autrefois on employait à cela une somme représentant cinq pour cent sur la dot de sa future; aujourd'hui cette dépense s'élève à dix pour cent de la dot.

Ces présents se composent de châles, de bijoux, de dentelles, de fourrures, de gants, d'éventails et d'une bourse contenant une certaine somme en or. On s'arrange généralement de façon à ce que les pièces soient toutes neuves.

On met ces présents, soit dans une grande et riche boîte, soit dans une jolie table à ouvrage destinée à faire partie du mobilier.

On les envoie le matin du jour où doit être signé le contrat, avec un beau bouquet de fleurs.

S'il y a une fête le jour du contrat, il est d'usage que la fiancée y figure avec une toilette toute blanche.

S'il y a soirée dansante, le bal doit être ouvert par la jeune fille dansant avec son fiancé. Les deux plus proches parents, jeunes, leur font vis-à-vis.

La seconde contredanse de la jeune fille appartient de droit au notaire. Sans doute pour remplacer l'ancien usage qui lui permettait d'embrasser la jeune fille quand elle venait de signer son contrat de mariage.

Toutes les personnes qui signent le contrat de mariage doivent faire un cadeau à la jeune mariée.

CHAPITRE IV

A LA MAIRIE

PIÈCES EXIGIBLES — AGE DÉTERMINÉ
DÉPENSES DIVERSES — DONS ET VOITURES
TOILETTE DE LA MARIÉE

LA MAIRIE

A Paris, et dans les grandes villes, les jours fixés pour le mariage à la mairie sont les mardi, jeudi, samedi, de neuf heures du matin à cinq heures du soir.

PIÈCES EXIGIBLES

Deux ou trois jours avant le mariage, il faut faire remettre à la mairie où le mariage doit avoir lieu :

1° Un certificat de publication de bans dans les autres endroits où ils ont dû être publiés ;

2° Le consentement par acte notarié des personnes sous l'autorité desquelles l'un des deux époux ou tous les deux sont placés par rapport au mariage, si ces personnes ne doivent pas assister à la célébration du mariage ; — si elles doivent y assister, au contraire, on dira leur âge, c'est-à-dire l'année et le jour de leur naissance, leurs noms de baptême et de famille, et l'endroit de leur domicile habituel ;

3° En cas d'opposition antérieure des parents, on devra présenter une main-levée parfaitement en règle, c'est-à-dire un acte notarié détruisant cette opposition, ou encore la preuve légale des soumissions respectueuses qui ont été faites suivant les prescriptions de la loi ;

4° Un certificat attestant que le futur époux a satisfait à la loi sur le recrutement de l'armée. Si c'est un militaire, il remet la permission accordée par le ministre de la guerre.

AGE DÉTERMINÉ

Une jeune fille ne peut pas se marier avant quinze ans et un jeune homme avant dix-huit ans révolus.

Le mariage doit avoir lieu dans la salle de la mairie affectée à ces cérémonies.

Un maire peut célébrer dans son salon particulier le mariage d'une personne notable du pays ; mais il faut que non-seulement les portes de son salon, mais encore les portes de la maison, restent toutes grandes ouvertes durant toute la cérémonie, afin que, qui veut, puisse y assister.

Le mariage ne peut être célébré avant le troisième jour qui suit la publication légale.

Le mariage à la mairie peut avoir lieu un ou plusieurs jours avant le mariage à l'église.

Si on veut se marier à un jour autre que ceux fixés par l'usage, il faut, avant de se présenter, aller en faire la demande au maire; lui soumettre les raisons qui vous obligent à lui adresser cette requête, et fixer avec lui le jour ou l'heure choisis.

Si on ne se marie pas le même jour à l'église et à la mairie, cette cérémonie doit être faite très-simplement, deux voitures suffisent; dans l'une la fiancée et sa famille, dans l'autre le futur et ses père et mère.

DÉPENSES DIVERSES

C'est le futur qui doit payer les voitures. La famille de la fiancée donne un dîner au futur, à son père, à sa mère et aux témoins; mais ce dîner n'est pas d'apparat; c'est simplement une réunion de famille où aucun étranger ne doit être admis.

Les quatre témoins exigés par la loi sont : deux pour la mariée, deux pour le marié.

Ces témoins sont habituellement choisis parmi les plus proches parents des mariés, ou encore parmi les personnes importantes de leur société avec lesquelles on désire avoir des rapports plus intimes.

DONS ET VOITURES

Le mariage à la mairie n'entraîne que des dons volontaires; car on n'a rien à payer comme droits. Il se trouve dans la salle un tronc pour les pauvres. On y met ce qu'on veut.

Les garçons de service ne doivent rien demander; mais il est d'usage de leur donner quelque monnaie blanche.

Quand la jeune fille a signé, elle passe la plume à son futur mari, qui doit la saluer et lui dire : Merci, *Madame*.

TOILETTE DE LA MARIÉE

La toilette de la mariée ne doit pas être blanche pour le mariage à la mairie, à moins qu'il ne précède immédiatement le mariage à l'église. Il n'y a du reste aucune étiquette pour cette toilette, qui peut être au goût de chacun.

CHAPITRE V

A L'ÉGLISE

PUBLICATION DES BANS — PIÈCES A FOURNIR — BOUQUETS, VOITURES, REPAS — PIÈCES DE MARIAGE — ORDRE DU CORTÈGE A L'ENTRÉE ET A LA SORTIE DE L'ÉGLISE — QUÊTES — RÉPONSES — OFFRANDES — POÊLE — A LA SACRISTIE — CONSEILS DIVERS.

A L'ÉGLISE

Les mariages à l'église se font à Paris, et dans les grandes villes de province, les mardi, jeudi et samedi, de six heures du matin à une heure après midi.

Si on désire se marier un autre jour, il faut en faire la demande au curé de l'église où le mariage devra se célébrer.

Si on doit épouser une de ses proches parentes, comme nièce, cousin ou belle-sœur, il faut solliciter une dispense de l'Église et de l'état civil. On l'obtient par l'entremise de son curé, auquel on s'adresse avant de faire publier ses bans.

PUBLICATION DES BANS

On doit faire publier les bans aux deux paroisses : à celle de la future et à celle du prétendu.

Quand les deux fiancés habitent la même ville on se marie ordinairement à la paroisse de la jeune fille.

Pourtant on peut se marier à la paroisse du jeune homme, si celle-ci convenait mieux.

Si on veut se marier dans une autre église, il faut une permission spéciale des curés des deux paroisses, permissions qui doivent être données par écrit, et suivant les formes voulues dans cette circonstance.

Si les deux curés, ou même l'un des deux se refusait à donner cette autorisation, il faudrait adresser une requête à l'évêque du diocèse, qui seul a le droit de passer outre.

Si on veut se marier pendant le Carême ou l'Avent, il faut demander pour cela une dispense à l'évêque de son diocèse.

Le mariage à l'église, entre une catholique et une personne qui n'est pas chrétienne, c'est-à-dire un juif ou un mahométan, ne peut avoir lieu qu'autant qu'il a été, au préalable, autorisé par le Pape.

La publication des bans à l'église se fait pendant trois dimanches consécutifs; mais on peut racheter deux de ces bans. Ces bans se publient sur la présentation d'un certificat délivré par la mairie et constatant le dépôt des pièces nécessaires.

PIÈCES A FOURNIR

Deux ou trois jours avant le mariage à l'église, il faut fournir, au curé de la paroisse où il se célébrera, les pièces suivantes :

Un billet de confession;

Un certificat de la publication des bans dans toutes les églises où cette publication devait être faite;

Un extrait de son acte de baptême.

Si on ne pouvait pas avoir cet extrait, il suffit de prouver que l'on a fait sa première communion.

Il y a cependant des diocèses où ces deux actes sont nécessaires; il serait donc prudent de s'en assurer en allant faire publier ses bans, afin de se pourvoir des pièces exigées, et de ne pas être arrêté au dernier moment par un défaut de formalités.

Pour les veufs ou veuves, ces deux actes sont inutiles, et l'acte qui constate leur premier mariage suffit, en y joignant l'acte de décès, le veuf, de sa femme, la veuve, de son mari.

BOUQUETS — VOITURES — REPAS

Le marié et sa famille doivent venir prendre la mariée et les siens.

Le marié offre alors le bouquet de noces à sa fiancée, bouquet qui doit être entièrement blanc.

Les voitures, louées par le marié, vont chercher les témoins et les personnes des deux familles à leur domicile, pour les conduire chez la mariée, qu'elles doivent accompagner à l'église.

Les frais de ces voitures, et en général tous les frais nécessités par le mariage à l'église, doivent être à la charge du marié.

Les repas qui suivent le mariage, le déjeuner après la messe, le grand dîner de famille, la soirée et le bal, sont à la charge de la famille de la mariée.

PIÈCES DE MARIAGE

Le marié, en venant chercher sa future, porte sur lui l'anneau et la pièce de mariage.

Cette pièce peut être d'or ou d'argent, suivant la fortune des conjoints; elle se renferme dans un petit écrin, comme une médaille.

Il y a de pauvres villages où un gros sou remplit l'office de cette pièce, qui doit être bénie pendant la célébration du mariage.

ORDRE DU CORTÉGE SE RENDANT A LA MAIRIE

Quand toutes les personnes qui doivent assister au mariage sont arrivées, on se met en route pour la mairie. Il est bien entendu qu'on se rend d'abord à la mairie, le mariage à l'église ne se célébrant qu'après remise au prêtre officiant du bulletin constatant le mariage civil.

La première voiture doit être composée : de la mariée, qui se place au fond et à droite, de sa mère, qui se met à côté d'elle, et de son père ou de celui qui le remplace, sur la banquette de devant.

Si la jeune fille n'a plus sa mère, la dame qui la remplace prend la place du fond.

Dans la seconde voiture se trouve le marié avec sa famille. Seulement c'est sa mère qui occupe la droite sur la banquette du fond, il est à côté d'elle ; son père ou ses témoins sont en face de lui.

Les témoins se mettent dans la troisième voiture, dans les suivantes les parents, et enfin les amis.

ORDRE DU CORTÉGE A L'ENTRÉE ET A LA SORTIE DE L'ÉGLISE

A l'église, le père de la mariée, ou à son défaut celui qui le remplace, lui donne le bras pour la conduire à l'autel.

Le marié la suit en donnant le bras à sa mère.

Vient ensuite la mère de la mariée donnant le bras au père du marié ou à son défaut au premier témoin du marié.

Les témoins donnent le bras aux plus proches parentes des conjoints, ceux du marié aux parentes de la mariée, et réciproquement.

En passant devant leurs invités, les mariés s'inclinent légèrement, mais sans regarder autour d'eux.

Arrivés devant les siéges qui leur sont préparés dans le chœur, les mariés se placent, le marié à droite, la mariée à gauche.

Chaque famille se place du côté du marié qui lui appartient, ainsi celle du jeune homme à droite. celle de la jeune femme à gauche.

La famille des mariés et leurs amis les plus intimes ont seuls le droit de prendre les places réservées près d'eux dans le chœur; les simples invités se mettent sur les chaises les plus rapprochées du chœur, et qui ont été préparées à cet effet.

QUÊTES

On a dû faire choix de ses quêteuses avant de se rendre à l'église.

On confie ordinairement cette fonction aux plus proches et aux plus jeunes parentes de la mariée avec les plus proches parentes du marié; il faut une quêteuse avec son cavalier du côté de chacune des deux familles.

Si le marié et la mariée ont chacun une jeune sœur, ce sont ces deux jeunes sœurs qui quêtent. La sœur du marié du côté de la famille de la mariée; la sœur de la mariée du côté de la famille du marié.

RÉPONSES

Le prêtre adresse à chacun des mariés la question suivante :

Consentez-vous à prendre pour époux?... etc.

Avant de répondre, ceux-ci doivent se retourner du côté de leur père et mère et les saluer respectueusement, puis répondre à mi-voix en saluant également le prêtre.

Quand le prêtre bénit l'anneau, les mariés doivent ôter leurs gants; puis le marié s'inclinant, prend de la main droite cet anneau que lui présente le prêtre et le passe au doigt annulaire de la main gauche de la mariée.

OFFRANDES

Après l'*Offertoire* de la messe, les mariés se lèvent, prennent de la main droite le cierge, qui est placé devant eux, et vont au pied de l'autel déposer l'argent de l'offrande dans la main du prêtre.

Leurs familles et leurs témoins, c'est-à-dire toutes personnes placées avec eux dans le chœur, sont seules admises à monter les degrés de l'autel (1).

POÈLE

Après le *Pater*, on tient le poèle sur la tête des mariés, agenouillés sur leur prie-dieu. C'est le garçon le plus jeune de chaque famille qui remplit cet emploi. Celui de la famille du marié se met du côté du marié; celui de la famille de la mariée du côté de la mariée.

Quand la messe de mariage est achevée, on passe dans la sacristie pour signer les actes de mariage et pour recevoir les félicitations des parents et amis.

On y va processionnellement et dans un ordre contraire à celui qu'on a observé en entrant à l'église. Ainsi : C'est le père du marié ou son premier témoin qui donne le bras à la mariée.

C'est la mère de la mariée qui donne le bras au marié.

(1) A Paris cette coutume est peu usitée.

A LA SACRISTIE

Les invités, c'est-à-dire toute personne conviée à une messe de mariage, doivent suivre les mariés à la sacristie pour faire leurs compliments.

Le marié présente à la mariée les personnes de sa connaissance, et la mère de la mariée présente ses amis au marié.

On sort de la sacristie dans un tout autre ordre encore.

Le marié donne le bras à la mariée.

Le père de la mariée suit en donnant le bras à la mère du marié.

Puis le père ou le premier témoin du marié, donnant le bras à la mère de la mariée.

Puis indistinctement les deux familles réunies.

Le marié et la mariée montent dans la première voiture avec la famille du marié. La mariée au fond à droite, le marié à son côté, le père et la mère sur la banquette en face.

La seconde voiture est pour la famille de la mariée

La troisième voiture pour les témoins.

CONSEILS DIVERS

On ne doit accompagner les mariés chez eux que si on en a été prié par la famille de la mariée, c'est-à-dire par son père ou sa mère.

Quand un catholique épouse une protestante, ou un

protestant une catholique, il faut une dispense de l'évêque, et le mariage religieux doit se faire à l'église et au temple.

Le cérémonial adopté pour entrer à l'église ou en sortir est le même au temple ou à la synagogue.

Toutes les chaises des personnes invitées pour un mariage sont payées dans les frais de la cérémonie.

Au temple protestant et à la synagogue israélite, le nombre des quêteuses est plus grand qu'à l'église catholique; mais ce sont toujours les plus proches et les plus jeunes parentes des mariés.

Si les amis et les membres de la famille qu'on a envoyé chercher ne sont pas invités à accompagner la mariée chez sa mère, on doit les faire reconduire à domicile avec les voitures de la noce.

C'est pour une messe de mariage seulement qu'on peut se donner le bras dans une église.

Les personnes conviées à une messe de mariage doivent, dans la quinzaine qui suit la cérémonie, faire une visite de félicitations à la famille qui leur a adressé l'invitation.

On n'envoie des cartes que quand on n'est pas en relation suivie.

Si par une raison quelconque, deuil, maladie, etc., on ne peut assister à la cérémonie du mariage, on doit envoyer une lettre d'excuses à la famille d'où vous est venue l'invitation.

On envoie seulement des cartes si on est ou si on veut rester étranger à cette famille.

Il est contraire au savoir-vivre de se mettre en noir pour assister à une messe de mariage, à moins que ce noir ne soit *égayé* par une couleur un peu claire prouvant que l'on n'est point en deuil.

Les jeunes personnes qui quêtent pendant la mess doivent porter des robes de couleur claire.

Il faut être très-jeune pour pouvoir mettre une rob blanche.

Il n'est plus de mode, même pour le marié, de porte des gants blancs, mais bien des gants *beurre frais* très-clairs.

La mariée seule a des gants blancs assortis à tout sa toilette.

Son livre de messe doit être blanc; si on ne veu pas faire la dépense d'en acheter un pour la céré-monie, on recouvre le sien avec une housse de moir blanche.

Les invités montrent qu'ils savent vivre s'ils son arrivés à l'église avant l'entrée des mariés.

A moins d'être malade, on ne doit pas quitter l'églis pendant la messe de mariage. On doit attendre pou s'en aller qu'on ait félicité les mariés à la sacristie.

Il est de mauvais goût de causer et de rire pendan une messe de mariage, surtout quand le prêtre donn la bénédiction aux époux, car en agissant ainsi, non-seulement on offense Dieu, à qui on manque de respec dans son temple, mais on offense encore la famille qu vous a convié à cette cérémonie.

CHAPITRE VI

AU TEMPLE

MARIAGE PROTESTANT

PIÈCES NÉCESSAIRES — ORDRE DU CORTÈGE

A LA SACRISTIE — INVITATION AU PASTEUR

MARIAGE PROTESTANT

Un protestant qui épouse une catholique, ou un catholique qui épouse une protestante, doivent recevoir le mariage religieux à l'église catholique et au temple protestant.

Chacun des époux au temple ou à l'église qui lui sert de paroisse.

Un catholique demande la permission à son évêque pour contracter cette union, sans quoi le mariage à l'église lui est interdit.

On commence par recevoir le mariage à l'église avant d'aller au temple.

Dans les lettres d'invitation à la cérémonie religieuse, on mentionne l'église et le temple, afin que les personnes convoquées se rendent à celui de ces deux endroits qu'elles préfèrent.

Les protestants qui se marient entr'eux vont directement au temple en sortant de la mairie, avec l cérémonial ordinaire.

PIÈCES NÉCESSAIRES

Il suffit d'avoir envoyé ou de porter au pasteu l'acte de son mariage civil pour être marié au temple

ORDRE DU CORTÈGE

Après le mariage religieux, les époux et leur témoins signent tous cet acte de mariage sur de registres consacrés à ces actes.

Le marié se met également à la droite de la marié devant le pasteur qui les unit; donne l'anneau et fai l'offrande au milieu de la cérémonie.

La quête se fait pendant l'office; ce sont de mêm les plus jeunes sœurs ou parentes des mariés qui en sont chargées.

A LA SACRISTIE

Après que la cérémonie religieuse est terminée, le amis des mariés les suivent à la sacristie pour le féliciter.

Avant de sortir de la sacristie, le pasteur fait un petite allocution aux assistants et implore pour eux l bénédiction de Dieu.

INVITATION AU PASTEUR

Le pasteur peut être invité aux repas et fêtes d'un mariage.

CHAPITRE VII

A la Synagogue

CÉRÉMONIAL — DISCOURS
PROCLAMATION DU MARIAGE — USAGES

A LA SYNAGOGUE

Les mariages israélites se font au temple, autrement dit à la synagogue.

On y convie les parents et amis des deux époux.

CÉRÉMONIAL

Le marié et la mariée ont chacun leurs deux témoins.

On dresse un dais au pied du tabernacle qui renferme les livres de la loi.

Le marié, la mariée et leurs pères et mères se placent sous ce dais, et autour d'eux la famille et les témoins

DISCOURS

A l'arrivée des futurs époux, le rabbin qui doit consacrer le mariage prononce un discours ; ensuite il reçoit le consentement des futurs époux et de leurs pères et mères, le fiancé passe l'anneau au doigt annulaire de la main droite de sa fiancée en déclarant qu'il la reconnait pour sa légitime épouse au nom de Dieu, de Moïse et de l'Etat.

Aussitôt après, le rabbin bénit cette union et fait communier les deux époux avec le vin qu'il a d'abord consacré à Dieu.

PROCLAMATION DU MARIAGE

A ce moment le mariage est proclamé par le rabbin lisant à haute voix l'acte qui a préalablement été dressé. et qu'il fait signer aux époux.

USAGES

Un ancien usage veut qu'au même instant on casse un verre de cristal.

Toute la cérémonie du mariage israélite est entourée de pompes et de chants religieux.

Les demoiselles d'honneur et les garçons d'honneur font la quête dans les rangs des assistants.

Les femmes se placent d'un côté du temple, les hommes de l'autre côté.

Tant qu'ils sont dans le temple, les hommes gardent le chapeau sur leur tête.

Après la cérémonie du mariage, les mariés se rendent processionnellement dans un petit salon attenant au temple où tous leurs amis vont les féliciter.

CHAPITRE VIII

MARIAGE DES VEUFS
&
DES DEMOISELLES MAJEURES

DÉLAIS LÉGAUX — DEUIL — ÉTIQUETTE
LETTRES DE FAIRE PART — VISITES — INVITATIONS
RÉUNIONS — TOILETTE

DÉLAIS LÉGAUX

D'après la loi, une veuve ne peut pas se marier avant dix mois révolus depuis la mort de son premier mari.

Un veuf peut se remarier aussitôt après la mort de sa femme, la loi ne prescrivant pour lui aucun délai.

DEUIL

Mais, suivant les usages de la bonne compagnie, une veuve doit attendre deux ans, c'est-à-dire que son deuil soit terminé avant de se remarier; et un veuf doit attendre six mois au moins.

ÉTIQUETTE

Il est contraire aux usages de convier du monde au mariage d'une veuve.

Si c'est un veuf qui épouse une jeune fille, l'étiquette est la même que pour les autres mariages.

Une veuve doit se marier le matin, de bonne heure, sans aucune pompe, avec ses témoins et ceux de son futur mari.

Sa toilette doit être simple, d'une couleur peu voyante; cependant une robe noire serait de mauvais goût.

En sortant de la messe de mariage, la nouvelle mariée donne chez elle un déjeuner aux témoins qui l'ont accompagnée; mais aucune autre personne ne doit être conviée à ce déjeuner.

LETTRES DE FAIRE PART

On envoie des lettres de faire part dans la quinzaine qui suit le mariage, en y joignant des cartes portant la nouvelle adresse des époux.

VISITES

Une veuve qui se remarie ne fait pas de visites de noces.

Ce sont les personnes qui ont reçu les lettres de faire

part et les cartes qui doivent en faire aux nouveaux mariés.

Si les personnes qui ont reçu ces cartes et ces lettres de faire part ne veulent pas établir de relations avec les nouveaux mariés, elles se contentent d'envoyer leur carte.

On a un mois pour ces visites et ces envois de cartes.

Quand une demoiselle se marie après avoir passé l'âge où on se marie ordinairement, le mariage doit se faire très-simplement pour ne pas entraîner le ridicule.

La messe de mariage a lieu de bonne heure sans aucune pompe, à un autel qui ne soit ni le maître-autel, ni celui de la Vierge.

Cette dernière observation s'applique aussi au mariage des veuves.

INVITATIONS

On ne convie personne à la messe de mariage d'une demoiselle âgée de plus de trente ans, si ce n'est les deux familles, et encore cette invitation ne doit pas se faire par des lettres imprimées, mais verbalement ou par écrit.

RÉUNIONS

Il ne doit y avoir ce jour-là ni bal, ni réunion, ni fête.

Si la mariée tenait pourtant à réunir ses amis, elle

peut le faire le jour du mariage à la mairie, qui doit avoir lieu un ou deux jours avant le mariage à l'église.

TOILETTES

La toilette de la mariée doit être blanche ou bleue, si elle a gardé encore un peu de jeunesse ; dans le cas contraire, elle peut choisir la couleur qui lui plaît, à l'exception du noir.

Une demoiselle qui n'est plus jeune ne met pas le voile. Elle porte un chapeau blanc où elle doit faire mettre quelques boutons de fleur d'oranger mélangés avec d'autres fleurs.

Les lettres de faire part s'envoient ensuite comme pour les autres mariages.

Si la demoiselle qui vient de se marier n'a plus ni son père ni sa mère, ni son grand-père ni sa grand'mère, c'est en son nom propre qu'elle fait part de son mariage.

Elle doit faire des visites de noces comme toute jeune mariée aux personnes de sa connaissance.

A la messe de mariage d'une veuve et d'une demoiselle sur le retour, le poèle est tenu par deux témoins.

Une veuve et une demoiselle sur le retour entrent à l'église en donnant le bras à leur futur mari ; et les mariés se rendent ensemble à la sacristie avec leurs témoins pour signer leur acte de mariage.

CHAPITRE IX

REPAS & FÊTES

ÉTIQUETTE

TOASTS ET DISCOURS — DU BAL

COMMENT SE RETIRENT LES MARIÉS

REPAS DIT *Rendus de noces*

ÉTIQUETTE

Le départ des mariés, après la messe du mariage, est moins à la mode aujourd'hui qu'il ne l'était autrefois, et généralement ceux qui partent ne se mettent en route qu'après le repas du soir. Dans ce cas-là, on fait un déjeuner léger chez la mère de la mariée, et on dîne de bonne heure.

A ce déjeuner ou collation, sont invités de droit le père et la mère du marié et ses deux témoins.

Là on n'observe pas d'étiquette, et les mariés peuvent se placer à côté l'un de l'autre, mais au repas du soir le cérémonial doit être observé.

Le marié et la mariée sont placés à table l'un vis-à-vis de l'autre.

La mariée doit avoir à sa droite le père de son mari

4.

ou la personne qui le remplace, c'est-à-dire du plus proche parent qui a dû être son premier témoin, et à sa gauche son père, à elle.

Le marié a à sa droite la mère de la mariée et à sa gauche sa mère, à lui.

Si on a invité un personnage important, et qu'on veuille lui faire honneur, on doit lui donner une place à côté du marié, si c'est une femme; à côté de la mariée, si c'est un homme. La famille qui a fait cette invitation, doit céder la place qui lui revient : agir autrement serait faire une injure grave à l'invité auquel on doit considération.

Les témoins se placent le plus près possible des mariés.

La mariée doit être toujours servie la première.

TOASTS ET DISCOURS

A la fin du dîner, on porte un toast aux mariés. C'est un des témoins de la mariée qui porte d'abord un toast à la jeune femme, et l'un des témoins du mari lui répond en portant celui du nouvel époux.

Le père de la mariée répond au nom de sa fille.

Le père du mari ou l'un des amis répond pour le marié.

Ces petits discours, nécessairement très-courts, se préparent à l'avance; car on doit se méfier des improvisations.

On ne chante plus à un repas de noce

Il est rare maintenant que le repas ait lieu chez un restaurateur, à moins que ce ne soit en été et à la campagne.

Les invités à un repas de noce doivent, avant de quitter les mariés, leur faire une invitation pour un dîner ou une soirée chez eux; c'est ce qu'on appelle un *rendu de noce*.

Ils doivent inviter aussi le père et la mère des mariés.

Les *rendus de noces* ont lieu dans le mois qui suit le mariage.

On n'assiste pas en deuil à un mariage.

Si le deuil que l'on porte est trop sévère pour qu'on puisse le quitter un seul jour, on refuse l'invitation à la messe et au dîner.

Si une veuve marie sa fille étant encore en deuil, elle doit absolument prendre le *gris et blanc* pour le jour du mariage.

Dans la bonne compagnie, c'est le jour du contrat que la fête a lieu, et non le jour du mariage.

On n'invite jamais un prêtre catholique aux repas ou aux fêtes d'un mariage.

DU BAL

Si on donne un bal le jour du mariage, la mariée ouvre le bal avec celui des invités que les deux familles tiennent le plus à honorer. Le marié offre également la main à la dame qui doit être l'objet d'une considération particulière.

Le marié et la mariée se placent en face l'un de l'autre.

Le marié et la mariée dansent ensemble la seconde contredanse.

Après cela ils dansent indistinctement avec leurs conviés; mais c'est la mariée qui fait elle-même ses invitations.

COMMENT SE RETIRENT LES MARIÉS

La mariée se retire de bonne heure avec sa mère, en évitant d'être vue.

C'est manquer de savoir-vivre que paraître s'apercevoir qu'elle se dispose à s'en aller.

Le marié quitte la soirée peu de temps après le départ de la mariée. Il choisit le moment où l'on danse pour ne pas être remarqué.

REPAS DITS RENDUS DE NOCES

Aux *rendus de noces* donnés par les invités, tous les honneurs sont dus aux mariés.

On les met à table à côté l'un de l'autre et à la meilleure place.

Quand les mariés sont établis chez eux, ils doivent à leur tour donner un dîner à leurs deux familles et à ceux qui les ont invités; ce dîner doit avoir lieu dans un délai de six mois.

DEUXIÈME PARTIE

NAISSANCE DES ENFANTS

CHAPITRE PREMIER

Formalités Civiles

DÉCLARATION A LA MAIRIE — DÉLAI LÉGAL
PIÈCES NÉCESSAIRES — TÉMOINS
FAUSSES DÉCLARATIONS — ACTES DE NAISSANCE
LÉGALISATION

FORMALITÉS CIVILES

Les formalités à remplir lors de la naissance des enfants sont de deux ordres différents; formalités civiles et formalités religieuses.

Les premières doivent être remplies dans le plus bref délai et sont identiques, quelle que soit la religion à laquelle appartiennent les parents, et il en est de même, non-seulement pour les naissances, mais pour tous les autres actes de la vie, quels qu'ils soient.

DÉCLARATION A LA MAIRIE — DÉLAI LÉGAL

Le père se rendra à la mairie de son arrondissement, avec deux témoins, vingt-quatre heures aprè la naissance de l'enfant, quarante-huit heures pour dernier délai, afin de faire à l'état civil la déclaration de cette naissance.

Faute d'avoir rempli ce devoir, exigé par la loi, les parents de l'enfant se rendraient passibles d'une peine correctionnelle, qui varie de six jours à six mois de prison, et à une amende dont le minimum est de 10 francs et le maximum de 300 francs.

L'enfant doit être porté à la mairie et présenté à l'officier de l'état civil.

PIÈCES NÉCESSAIRES

Le déclarant doit être muni de papiers (acte de mariage ou de naissance des parents), contenant les noms des père et mère de l'enfant.

On répond aux diverses questions concernant l'heure et le lieu de la naissance de l'enfant présenté, ainsi que les prénoms qu'on veut lui donner.

TÉMOINS

Les deux témoins nécessaires doivent être, autant que possible, munis de leur patente.

Au cas où le père serait dans l'impossibilité de se rendre à la mairie, les témoins s'y rendraient accompagnés de la sage-femme ou du médecin qui a opéré l'accouchement.

FAUSSES DÉCLARATIONS

Une fausse déclaration des témoins dans l'acte de naissance d'un enfant, les rend passibles des peines les plus sévères.

ACTES DE NAISSANCE

Quand on veut, plus tard, obtenir un extrait de cet acte de naissance, on se rend à la mairie où la déclaration a eu lieu, et cet acte est remis au demandant, quel qu'il soit, moyennant un droit fixe de 2 francs.

Au cas où la personne qui a besoin d'un acte de naissance n'habiterait plus le lieu où la déclaration a été faite, il suffit d'écrire au maire de cette localité, en joignant à sa lettre 2 francs, plus les timbres-poste nécessaires à l'affranchissement de la réponse, et l'envoi des pièces.

Si la déclaration a eu lieu à Paris, il faut tenir compte de la circonstance suivante. Si l'acte de naissance que l'on désire remonte à plus de cinq ans de date, il faut se rendre aux Archives, Avenue Victoria, n° 5, près de l'Hôtel-de-Ville, où l'on fait sa demande en déposant 2 francs. Cette pièce vous est délivrée dans un délai de huit jours.

LÉGALISATION

Quelquefois cet acte a besoin d'être légalisé par le tribunal; l'Administration se charge de cette formalité. Seulement il faut avoir bien soin d'en faire la demande et de déposer la somme nécessaire, soit 2 fr. 40.

CHAPITRE II

DU BAPTÊME

PARRAIN ET MARRAINE
LEUR CHOIX — BONBONS ET VOITURES
CÉRÉMONIAL — CADEAUX

DU BAPTÊME

Passons aux formalités religieuses et occupons-nous maintenant du baptême.

Les usages du baptême pour tout ce qui regarde le monde, c'est-à-dire pour les cadeaux, les bonbons, l'argent à distribuer, etc., etc., sont les mêmes pour toutes les religions; ils ne diffèrent que dans le sacrement.

PARRAIN ET MARRAINE

Il faut se garder d'offrir à des étrangers d'être *parrain* ou *marraine* d'un enfant, avant de savoir s'ils sont disposés à agréer votre demande, car c'est un impôt forcé qu'on lève sur eux.

LEUR CHOIX

On ne doit pas non plus prendre pour *parrain* ou *marraine* des personnes qui ne soient pas de la même religion que celle que l'on veut donner à son enfant.

Quand la personne à qui est adressée une semblable demande désire s'abstenir, elle doit s'excuser sur-le-champ, en mettant dans son refus beaucoup de formes et de bonne grâce, dans la crainte de faire sentir aux parents l'inconvenance de leur demande.

C'est manquer non-seulement à la charité, mais encore à la bonne éducation, que de refuser à des parents peu aisés d'être parrain ou marraine de leur enfant.

Ces sortes de demandes doivent être faites plusieurs mois avant la naissance de l'enfant.

Il est généralement d'usage de laisser la marraine choisir elle-même son *compère*.

Le contraire se fait quelquefois, mais rarement.

Pour un premier enfant, c'est la mère de la jeune femme et le père du mari qui, de droit, sont *parrain* et *marraine*.

Pour un second enfant, ce droit revient au père de la jeune femme et à la mère du mari.

Si la jeune femme n'a pas sa mère, ce mandat sera rempli par la mère du mari avec le père de la jeune femme, ou par le père de la jeune femme avec la plus proche parente du mari.

Si le mari et la jeune femme ont perdu leur père, on peut prendre pour marraine la mère du mari; mais cela ne doit pas se faire sans en avoir demandé la permission à la mère de la jeune femme, et le tuteur, ou le plus proche parent de celle-ci devra être choisi pour parrain.

Il est d'usage de donner trois noms à son enfant, l'un choisi parmi les noms de sa marraine, c'est-à-dire de la mère de la jeune femme, si c'est une fille, ou parmi ceux de son père, si c'est un garçon ; le second, venant soit du père, soit de la mère du mari ; le troisième, que l'enfant doit porter ordinairement, est choisi par la jeune mère.

Le père et la mère d'un enfant ne peuvent être ni *parrain* ni *marraine*.

Il faut bien observer que les noms donnés à son enfant, lors du baptême, soient les mêmes que ceux qui ont été déclarés à la mairie quand on l'a présenté pour faire dresser son acte de naissance, sans cela vous lui créeriez, pour plus tard, une foule de soucis et d'embarras qui commenceraient au jour de sa première communion ou de son entrée dans une maison d'éducation.

Une veuve qui accepte d'être marraine avec un homme qui la recherche en mariage, prend envers lui une sorte d'engagement.

BONBONS ET VOITURES

Le père de l'enfant doit envoyer une boite de dragées au prêtre ou au ministre qui a baptisé son enfant, et dans cette boite il met une pièce d'or ou d'argent, selon sa fortune.

C'est de même à lui qu'il appartient de donner des bonbons à la garde-malade, à la nourrice, enfin aux domestiques; mais ces bonbons ne se donnent pas en boîte. On les met dans de simples cornets, en y joignant de l'argent.

C'est également le pere de l'enfant qui paie les frais de voitures nécessités par le baptême; voitures avec lesquelles on va chercher la marraine et le parrain.

Trois voitures suffisent en général.

Dans la première montent seulement le parrain et la marraine, si celle-ci cependant est une femme mariée, car au cas contraire la mère de la marraine monte avec elle.

Dans la seconde voiture se trouvent l'enfant porté par la garde de la jeune mère en couches, et la nourrice qui accompagne seulement.

Dans la troisième est le père, avec ceux de ses amis qui ont voulu assister à la cérémonie.

Mais le plus souvent il n'y a que deux voitures et même une seulement. Alors, en ce cas, l'enfant, porté par sa nourrice, occupe le fond avec la marraine; le père et le parrain se mettent sur le devant.

CÉRÉMONIAL

Si c'est l'enfant d'un supérieur que l'on tient sur les fonts du baptême, non-seulement il occupe le fond de la voiture avec la marraine, mais encore il occupe la droite.

Si au contraire le parrain et la marraine de votre enfant sont vos supérieurs et que vous n'ayez qu'une seule voiture, ils occupent tous deux la place du fond, la nourrice avec l'enfant, ainsi que le père, se mettent sur le devant.

CADEAUX

Les cadeaux et les dépenses qui doivent se faire pour un baptême varient d'importance, en raison de la position de ceux qui donnent et de ceux à qui l'on donne.

Nous nous contenterons donc d'indiquer ce qui se fait le plus habituellement.

A Paris il est d'usage que la marraine donne à l'enfant l'*argenterie* qui lui est propre; c'est-à-dire une timbale, un petit couvert et une petite cuiller dite à *bouillie*, c'est-à-dire à long manche.

En province, la marraine donne la robe et le bonnet de baptême, bonnet et robe qui peuvent être ornés de rubans blancs; mais qui, s'ils sont ornés de rubans de couleur, doivent en avoir de *roses* si c'est une fille, de *bleus* si c'est un garçon.

Le parrain et la marraine font un cadeau à la mère de l'enfant.

La nature de ce cadeau dépend complétement de la position de celle-ci. Ainsi, à une femme riche on donne un beau bijou; à celle qui est dans une position aisée, on donne une pièce d'argenterie; à celle dont la position est modeste, on peut offrir une robe, un châle ou tout autre effet de toilette; enfin à celle qui est dans la gêne, on donne du sucre, du chocolat, du café, du bon vin, en un mot, des choses utiles à la pauvre femme qui relève de couches.

Les cadeaux offerts par le parrain à la marraine varient aussi à l'infini. non-seulement suivant l'usage des pays, mais encore selon la position de celle qui les reçoit.

A Paris, il est d'usage que le parrain envoie à la marraine une certaine quantité de boîtes de dragées, depuis une douzaine de boîtes jusqu'à douze douzaines, les unes d'une livre, les autres d'une demi-livre.

C'est le père de l'enfant qui achète les boîtes de dragées que la mère distribue à ses amis.

Avec les bonbons, le parrain envoie à la marraine des gants, un éventail, des fleurs artificielles et des rubans; le tout enfermé dans une boîte ou dans un joli meuble.

Le mari de la marraine, si celle-ci est mariée, doit, en retour, faire un cadeau au parrain, ou tout au moins une *politesse*, c'est-à-dire donner en son honneur un grand dîner prié.

Il est contraire aux convenances d'inviter un jeune homme et une jeune fille à être ensemble *parrain* et *marraine* de son enfant.

CHAPITRE III

A L'ÉGLISE CATHOLIQUE

FORMALITÉS PRÉALABLES — CÉRÉMONIAL
DEMANDES ET RÉPONSES — DONS VOLONTAIRES
ACTES DE BAPTÊME

FORMALITÉS PRÉALABLES

Il est d'usage de prévenir à l'église, au moins la veille, du jour et de l'heure auxquels on désire faire baptiser son enfant, et l'on indique en même temps les noms et les prénoms qui lui ont été donnés sur son acte civil, ainsi que ceux des personnes qui doivent être ses *parrain* et *marraine*.

Pour cela, le père de l'enfant se rend dans la journée à l'église où doit se faire le baptême, entre à la sacristie, demande le prêtre de service, qui inscrit les diverses indications mentionnées ci-dessus (nom et prénoms de l'enfant, des parents et parrains) sur un registre, le prêtre fait ensuite connaître l'heure à laquelle le baptême aura lieu.

Le baptême se donne à l'enfant presque aussitôt sa naissance.

Si la mauvaise santé de l'enfant, ou tout autre

raison faisait qu'on dût retarder ce sacrement, il faudrait l'ondoyer sur-le-champ.

Pour cela, on va chercher un prêtre, et ce n'est qu'en danger de mort pour l'enfant qu'un laïque peut le remplacer.

Dans ce cas-là on verse un peu d'eau naturelle sur la tête de l'enfant, en disant : *Je te baptise au nom du Père, du Fils et du Saint-Esprit.*

L'eau dont on se sert peut être tiède.

Une personne qui ne serait pas de la religion catholique ne peut pas ondoyer un enfant.

Un homme est préférable à une femme pour l'ondoiement ; mais en cas d'absence d'homme une femme ; la sage-femme, la nourrice, la mère elle-même peuvent ondoyer l'enfant.

Hors le cas de force majeure, un enfant doit être baptisé dans la paroisse sur laquelle il est né, ou dans l'église du village dans lequel il a été mis en nourrice.

CÉRÉMONIAL

Pour entrer dans l'église, la femme qui porte l'enfant marche devant, derrière sont le parrain et la marraine, puis le père et ses amis.

Le parrain et la marraine ne doivent pas se donner le bras pour entrer dans l'église.

On se rend ainsi processionnellement aux fonts baptismaux, puis le père de l'enfant va à la sacristie prévenir le prêtre que l'on est arrivé.

Quand la cérémonie commence, le parrain et la

marraine se placent debout de chaque côté de la femme qui tient l'enfant.

Le parrain se met à la droite et la marraine à la gauche.

La personne qui tient l'enfant doit le placer couché sur ses bras, la tête appuyée sur celui de droite.

Il faut avoir eu le soin que le bonnet de l'enfant soit attaché d'une façon très-facile à dénouer afin d'éviter tout embarras.

DEMANDES ET RÉPONSES

Le prêtre demande quels sont les parrain et marraine de l'enfant.

Ceux-ci s'inclinent respectueusement pour toute réponse.

Si la déclaration n'en a pas été faite d'abord, le prêtre demande si l'enfant est né sur la paroisse, quel est son sexe et s'il a déjà été ondoyé.

Le parrain doit répondre d'une façon brève : dans le cas où le parrain ignorerait ces détails, le père de l'enfant s'approche et répond à sa place.

Après cela le prêtre, s'adressant à l'enfant, lui fait les questions suivantes auxquelles le parrain et la marraine répondent pour lui :

D. — Que demandez-vous ?

R. — Le baptême.

D. — Qu'est-ce que nous procure le baptême ?

R. — La vie éternelle.

Alors le prêtre exorcise l'enfant et invite les parrain et marraine à dire avec lui le *Pater* et le *Credo* en français *(Notre Père* et *Je crois en Dieu)*; ceux-ci doivent réciter ces prières à voix basse et avec recueillement.

Ceci achevé, le prêtre interroge de nouveau l'enfant:

D. — Renoncez-vous à Satan?

R. — J'y renonce.

D. — Et à ses pompes?

R. — J'y renonce.

D. — Et à ses œuvres?

R. — J'y renonce.

Les personnes qui répondraient : *oui*, *monsieur*, montreraient non-seulement peu de religion, mais encore peu de savoir-vivre.

Le prêtre fait alors les onctions sur l'enfant, puis il lui demande encore, en se servant alors des noms de baptême qui lui ont été indiqués :

D. — Jean-Louis-Paul (par exemple), croyez-vous en Dieu le Père tout-puissant, créateur du ciel et de la terre?

Les parrain et marraine répondent pour lui : J'y crois.

D. — Croyez-vous en Notre-Seigneur Jésus Christ son Fils, qui est mort sur la croix pour nous.

R. — J'y crois.

D. — Jean-Louis-Paul, voulez-vous être baptisé?

R. — Je le veux.

Après ces dernières paroles, le parrain et la marraine mettent la main sur l'enfant, tandis que la femme qui le tient l'avance sur les fonds baptismaux en lui relevant son bonnet, afin que le prêtre puisse lui verser de l'eau sur la tête.

Cette cérémonie achevée, le prêtre présente au parrain et à la marraine le cierge qui est resté allumé durant toute la cérémonie; ceux-ci le tiennent ensemble de la main droite jusqu'à ce que la prière soit achevée.

On retourne alors à la sacristie à la suite du prêtre, afin de signer l'acte de baptême de l'enfant.

DONS VOLONTAIRES

Ces cérémonies sont gratuites, mais il est d'usage que le parrain donne quelque argent au sacristain et à l'enfant de chœur, surtout si le baptême a lieu à la campagne.

Si le sacrement de baptême est donné à un adulte, le parrain et la marraine n'y figurent que pour lui faire honneur; mais c'est lui qui doit répondre à toutes les questions.

ACTES DE BAPTÊME

Quand, plus tard, on a besoin de son acte de baptême, il faut aller le demander à la sacristie de l'église où on a été baptisé. — Cet acte est délivré gratuitement.

CHAPITRE IV

AU TEMPLE PROTESTANT

FORMALITÉS PRÉALABLES
DÉLAIS — DEMANDES ET RÉPONSES
DONS ET CADEAUX

AU TEMPLE PROTESTANT

Pour tout ce qui concerne les cadeaux, le cérémonial relatif aux parrain et marraine, les choses se passent chez les protestants comme chez les catholiques.

FORMALITÉS PRÉALABLES

Le baptême doit être administré par un pasteur ou par un ministre.

Les parents de l'enfant préviennent au temple le matin du jour où il doit y être présenté.

DÉLAIS

On peut ne pas faire donner le baptême à son enfa aussitôt sa naissance, et attendre un ou plusieu mois avant de le présenter au temple.

Le baptême doit être donné dans le temple : ce n'e que par exception, c'est-à-dire en cas de maladie d l'enfant ou de la mère, et sur la demande express des parents, que cette cérémonie peut avoir lieu a domicile de la famille.

L'enfant doit être inscrit sur les registres de baptêm sous les noms qui lui ont été donnés à l'état civil, e cet acte est signé par le pasteur officiant.

Après cela se fait la lecture de la liturgie, qui es terminée par des prières que le parrain et la marrain de l'enfant prononcent à demi voix avec le pasteur.

DEMANDES ET RÉPONSES

Alors le pasteur demande à haute voix, à l'enfant s'il s'engage à demeurer fidèle à la foi chrétienne.

Le parrain et la marraine mettent tous deux la mai droite sur l'enfant en répétant aussi à haute voix :

— Je m'y engage.

Le pasteur répand ensuite quelques gouttes d'ea sur la tête de l'enfant en prononçant les paroles sacra mentelles : « Je te baptise au nom du Père, du Fils e du Saint-Esprit... »

Le père se charge des mêmes frais que ceux qui l incombent chez les catholiques.

DONS ET CADEAUX

C'est aussi lui qui envoie au pasteur la boîte de bonbons avec une pièce soit d'or, soit d'argent, selon sa fortune.

Quand plus tard, l'enfant a besoin de son acte de baptême, c'est au temple où il a reçu le sacrement qu'il doit le demander, soit par lettre, soit en personne.

CHAPITRE V

A LA SYNAGOGUE

CIRCONCISION — PRIÈRES — NOMS — REPAS
OFFRANDES

CIRCONCISION

Pour les garçons, le baptême consiste dans la circoncision telle qu'elle a été instituée par Abraham.

On choisit un parrain et une marraine qui conduisent l'enfant dans la salle où doit se faire l'opération qui, en général, a lieu dans la maison du père de l'enfant, et le huitième jour après sa naissance. On y convie les proches parents et amis de la famille, et aussi le rabbin dont pourtant la présence n'est pas indispensable.

L'opération est faite par un chirurgien spécial, ayant subi les examens nécessaires; les parents le paient selon leur fortune.

PRIÈRES

C'est en ce moment que l'on prononce des prières

pour appeler les bénédictions de Dieu sur l'enfant, et qu'on lui donne les noms qu'il devra porter.

NOMS

On doit toujours lui donner un nom israélite; on peut d'ailleurs y ajouter des noms plus modernes.

Pour les filles, c'est le premier samedi après la naissance que l'on réunit ses parents et amis pour donner à l'enfant les noms qu'elle devra porter. C'est seulement une fête de famille.

On choisit aussi un parrain et une marraine ; mais là, comme pour la circoncision, leur rôle est tout passif.

REPAS

Ces deux cérémonies sont toujours suivies d'une collation ou d'un repas, selon la fortune des parents ; repas ou collation où se font la communion du pain et du vin entre tous les assistants.

C'est le père de l'enfant qui, à défaut de rabbin, dit les prières obligées.

On donne aussi toujours au moins un nom juif aux filles.

Les usages pour cadeaux et bonbons ne diffèrent pas de ce que nous avons dit plus haut.

OFFRANRES

Lors de la naissance d'un garçon, le père doit porter une offrande, au temple ou synagogue, le premier samedi qui suit cette naissance.

Cette offrande varie selon la fortune de la famille.

A la naissance d'une fille on ne donne rien.

CHAPITRE VI

PREMIÈRE COMMUNION

§ I

CHEZ LES CATHOLIQUES

CATÉCHISME DE PREMIÈRE ET DE DEUXIÈME ANNÉE
COSTUME DE L'ENFANT
CADEAUX ET OFFRANDES

PREMIÈRE COMMUNION

Entre neuf et dix ans, c'est-à-dire avant que les dix ans soient complètement accomplis, on présente son enfant, soit fille, soit garçon, avec son acte de baptême, au curé de sa paroisse ou au prêtre chargé de le remplacer ; et on le prie de vouloir bien admettre cet enfant au catéchisme de première année, afin qu'il puisse faire sa première communion à sa douzième année révolue.

CATÉCHISME DE 1re ET DE 2e ANNÉE

On conduit l'enfant au catéchisme, dit de première année ; cet enseignement a lieu une fois par semaine.
Si on est assez riche pour avoir, soit une institu-

trice ou un instituteur, soit une dame de compagnie, on peut envoyer l'enfant avec eux pour suivre le catéchisme ; mais il est inconvenant de l'envoyer avec un domestique.

Le catéchisme de *seconde année* a lieu deux fois par semaine.

RETRAITE — COSTUME DE L'ENFANT

Quant aux retraites, aux costumes des enfants, et aux dépenses que vous devez avoir à faire pour cette occasion, tout cela dépend, à Paris, des paroisses, en province, des diverses localités ; et les prêtres, chargés des premières communions, indiquent aux parents ce qu'on doit faire à cet égard.

CADEAUX ET OFFRANDES

Il est d'usage de faire un cadeau de reconnaissance au prêtre qui a fait faire la première communion à son enfant. Dans ce cas, le plus généralement, toutes les mères, dont les enfants ont fait leur première communion en même temps, se cotisent entre elles, et offrent leur présent en commun. Les sommes à donner, pour chacun, varient, selon les pays et les paroisses, depuis cinq francs jusqu'à cinquante francs.

Beaucoup de parents placent leur enfant dans un pensionnat ou dans un couvent pendant les deux années qui précèdent la première communion. Cet usage est bon si la mère n'a pas le temps ou la liberté de se consacrer entièrement au nouveau devoir qui lui incombe.

Le conseil que nous donnons ci-dessus concernant seulement les enfants qui restent dans leur famille.

§ II

CHEZ LES PROTESTANTS

DE LA SAINTE CÈNE — AGE DES ENFANTS
CÉRÉMONIE

DE LA SAINTE CÈNE

Pour pouvoir participer à la sainte Cène, c'est-à-dire être reçu membre de l'Église protestante, il faut que l'enfant ait suivi, pendant un an ou deux, un cours d'éducation religieuse, fait par un ministre ou par un pasteur, et qu'il prouve, dans un examen subséquent, qu'il a profité de ces enseignements.

AGE DES ENFANTS

Les catéchumènes ne sont admis à participer à la sainte Cène qu'à l'âge de quatorze ou quinze ans.

pour les jeunes filles, et de seize ans pour les jeunes garçons.

C'est sur leur demande, et non sur celle de leurs parents, que le pasteur les autorise à participer à la *communion* des fidèles.

La réception des catéchumènes a lieu dans le temple, huit jours avant la célébration de la sainte Cène; quelquefois le jour même.

L'époque de la sainte Cène varie selon les églises; en général, elle a lieu à Pâques. Dans quelques églises, on reçoit les catéchumènes à la Pentecôte ; dans d'autres, au mois de septembre seulement ; dans d'autres enfin à deux reprises, à Pâques et au mois de septembre.

CÉRÉMONIE

Au jour dit pour la cérémonie, après un discours de circonstance, le pasteur fait jurer aux cathécumènes de demeurer fidèle à la foi chrétienne, puis il les accepte solennellement comme membres de l'Église du Christ et les admet à participer à la sainte Cène.

Le pasteur commence alors la lecture de la liturgie, puis il rompt le pain en répétant les paroles du Christ : « Prenez, ceci est mon corps, » et bénit ensuite la coupe où est le vin, en disant : « Ceci est mon sang, » et il distribue alors le pain et le vin à chaque communiant.

Pendant que les communiants font circuler entre eux le plateau supportant le pain et le vin sacrés, le pasteur leur adresse des exhortations chrétiennes.

La cérémonie se termine par des prières dites par le pasteur. Puis tous les communiants chantent ensemble, comme actions de grâces, le cantique de Siméon.

Quant au costume des communiants et le présent à faire au pasteur, comme pour les catholiques, cela dépend des églises et des localités.

CHAPITRE VII

De l'Initiation chez les Israélites

INSTRUCTION DES ENFANTS

EXAMENS — COSTUMES — INVITATIONS

INSTRUCTION DES ENFANTS

Quand l'enfant, fille ou garçon, atteint l'âge de treize ans, il a dû, dès l'année qui précède, suivre une instruction faite par un rabbin, afin d'être *initié* à ses devoirs religieux.

Jusque-là, la responsabilité de ses actes ne pesait que sur ses père et mère

EXAMENS

Le jour de son *initiation*, il subit un examen en public, plus ou moins développé, selon l'intelligence et la position de famille du néophite.

Quand cet examen doit être très-important, il a lieu au domicile des parents; mais une fois l'enfant reconnu admissible, c'est au temple que son *initiation* est proclamée, par l'autorisation qui lui est octroyée de lire, à haute voix, le Livre de la Loi aux assistants.

Cette lecture doit se faire en hébreu.

Tous les samedis, on lit dans le temple une fraction des Cinq Livres de Moïse, qui ont été divisés en cinquante-deux sections pour les cinquante-deux semaines de l'année.

L'enfant qui vient d'être *initié* est appelé à lire l'une de ces sections.

Les filles sont *initiées* d'une façon différente; elles sont proclamées filles d'Israël, aussitôt qu'elles ont passé convenablement leur examen.

Cette seconde cérémonie a également lieu au temple.

COSTUMES

Les jeunes filles s'habillent en blanc et se couvrent d'un voile.

A partir de cette époque, les garçons sont obligés d'assister à toutes les cérémonies de la synagogue et à suivre la loi israélite pour toutes les fêtes des Juifs.

Dans les grandes fêtes juives, il est défendu de se rendre à la synagogue en voiture.

INVITATIONS

On invite ses proches parents et ses amis à l'initiation de ses enfants; ces cérémonies sont d'ailleurs publiques.

TROISIÈME PARTIE

DÉCÈS & ENTERREMENTS

CHAPITRE PREMIER

FORMALITÉS CIVILES & RELIGIEUSES

DÉCÈS — CONVOIS — ENTERREMENTS — TRANSPORTS

PREMIÈRES MESURES A PRENDRE — VEILLE — RENSEIGNEMENTS GÉNÉRAUX — CHOIX D'UN MANDATAIRE — DÉCLARATION A LA MAIRIE — VISITE DU MÉDECIN-VÉRIFICATEUR DES DÉCÈS — ACTE DE DÉCÈS — TÉMOINS — HEURE DU CONVOI — COMMANDES DU CONVOI CIVIL AUX POMPES FUNÈBRES ET DE LA CÉRÉMONIE RELIGIEUSE A L'ÉGLISE — DÉPENSES — LETTRES D'INVITATION, FORMULES — MAISON MORTUAIRE — CORTÈGE FUNÈBRE — PLACES A L'ÉGLISE — COURONNES ET INSIGNES — CÉRÉMONIAL — PARENTS QUI DOIVENT ASSISTER AU CONVOI — CONDUITE AU CIMETIÈRE — DISCOURS — CONVOIS MILITAIRES — TRANSPORT DES CORPS.

PREMIÈRES MESURES A PRENDRE

Aussitôt qu'une personne est morte, on place, près du lit funèbre, une table recouverte d'un linge blanc, et on met sur cette table un crucifix, deux cierges, un bénitier et une branche de buis béni.

Parler à haute voix dans la chambre d'un mort, est manquer de respect non-seulement à celui qui n'est plus, mais encore à sa famille.

VEILLE

Tout le temps qu'un mort reste dans la maison, tout le monde doit garder un silence respectueux; les repas ne doivent pas être servis comme ils le sont d'ordinaire ; chacun mange seul dans sa chambre ou sur un coin de table ; mais on s'abstient de *mettre le couvert* dans la salle à manger.

Il doit toujours se trouver une personne de garde auprès du défunt ; généralement, on charge de ce soin un prêtre ou une sœur de charité.

Si le mort vous est cher, et que vous vouliez rester vous-même auprès de lui, vous devez éviter que qui que ce soit vous vienne troubler dans cette chambre mortuaire, même les domestiques pour vous demander des ordres.

RENSEIGNEMENTS GÉNÉRAUX

Les formalités relatives aux décès et aux enterrements entraînent beaucoup de démarches, de grandes pertes de temps, quelquefois des discussions pénibles.

Les membres d'une famille, trop affligés pour s'occuper eux-mêmes du règlement et de l'ordonnance d'un convoi, confient ce soin à un ami peu au courant des affaires funéraires, et qui se trouve de suite placé entre deux écueils : celui de ne pas faire assez, au gr de la famille, et celui de dépasser la somme qu'ell peut raisonnablement dépenser. De là, des tiraillements désagréables pour tout le monde.

Pour éviter ces écueils, beaucoup de personne s'adressent à des gens honnêtes et expérimentés qu se chargent de l'accomplissement de toutes les formalités et de la surveillance du convoi dont ils son en quelque sorte, les entrepreneurs particuliers Mairie, — Église, — Pompes funèbres, — Cimetière, etc., tout les regarde. Avec eux, nulle inqui tude, et surtout pas d'obsessions. Quelques minutes d'entretien suffisent pour que l'on sache à quoi s'en tenir, et la somme, que chacun désire dépenser, est convenablement répartie entre les différents services.

On n'est plus exposé, après avoir dépensé à l'entreprise des Pompes funèbres une somme disponible, à faire un nouveau sacrifice, et à se gêner quelquefois soit pour le service religieux, soit pour le cimetière; car les tarifs des convois, loin d'être fixes et invariables, sont divisés en sections ou paragraphes qui deviennent souvent trop élastiques pour le profit de l'entrepreneur, suivant l'habileté de ses employés.

CHOIX D'UN MANDATAIRE

Si la famille prend un mandataire elle devra le choisir parmi les chefs des maisons sérieuses qui se recommandent elles-mêmes par leur bonne direction et leur ancienneté; on évitera d'écouter les racoleurs et les courtiers qui s'introduisent dans les maisons en usurpant des titres qu'ils n'ont pas, et sous tous les prétextes (1).

(1) Ayant eu à nous occuper des convois de plusieurs de nos parents, nous avons cru devoir nous adresser d'abord au préposé des Pompes funèbres qui est à la Mairie; mais mieux éclairés, nous nous sommes, dans la suite, adressés à M. Altairac qui tient une entreprise particulière de transports et de convois funèbres, située place Saint-Thomas-d'Aquin. N'ayant eu qu'à nous féliciter de l'activité, de l'intelligence et de la probité avec lesquelles cette maison est dirigée, nous nous faisons un devoir de la recommander d'une manière toute particulière. Les familles qui désireraient employer M. Altairac devront s'adresser à lui, avant toute démarche.

(*Note de l'Éditeur.*)

Si, au contraire, la famille veut agir elle-même notre Code étant fait pour l'utilité de tous, nous allon indiquer à chacun ce qu'il devra faire dans ce cas.

DÉCLARATION A LA MAIRIE

La première chose à faire après un décès, c'es d'aller à la Mairie de l'arrondissement en faire la dé claration. On peut charger de ce soin un ami ou u mandataire verbal, en lui donnant par écrit les ren seignements relatifs à l'état civil du défunt et l'heur de la mort.

VISITE DU MÉDECIN-VÉRIFICATEUR DES DÉCÈS

Après la déclaration à la mairie, on attend la visit du médecin chargé par le maire de constater le décè et on lui donne tous les renseignements qu'il demand sur la nature de la maladie, sur sa durée, etc.

ACTE DE DÉCÈS — TÉMOINS

Après la constatation du décès, deux parents, voi sins ou amis du défunt, vont à la mairie avec les pro cès-verbaux du médecin pour faire rédiger l'acte d décès. A cette fin, on doit se munir de l'acte de nais sance ou de mariage de la personne défunte. L'act mentionne avec la plus grande exactitude les nom prénoms et qualités du défunt, ceux de son con joint, s'il est marié, son âge, l'heure et la date de s mort; autant que possible on donnera les noms e prénoms de ses père et mère, surtout s'il est célibataire; la moindre erreur, dans un acte de décès, peut avoir les plus graves conséquences pour les descendants ou héritiers du défunt.

HEURE DU CONVOI

Lorsque l'acte de décès est rédigé et signé, le maire fixe le jour et l'heure du convoi eu égard au service des décès dans son arrondissement, au service du culte dans les églises ou temples, et d'accord avec les justes exigences de la famille.

COMMANDE DU CONVOI CIVIL AUX POMPES FUNÈBRES ET DE LA CÉRÉMONIE RELIGIEUSE A L'ÉGLISE

Lorsque les formalités de l'état civil auront été remplies, on s'occupera du convoi. On pourra s'adresser au préposé de l'entreprise des Pompes funèbres et arrêter avec lui le convoi que l'on aura choisi.

Ensuite on ira à l'église, où l'on conviendra avec le vicaire chargé des convois du plus ou moins de pompe que l'on a décidé de donner à la cérémonie religieuse. D'ordinaire on s'en tient à la classe dont on a fait choix pour le service civil. Cependant beaucoup de familles règlent à l'eglise une classe supérieure.

L'heure du convoi est la même que celle qui a été indiquée par le maire.

En réglant le service à l'église, on doit en même temps régler les chaises pour les invités.

DÉPENSES

Mettre une trop grande pompe dans un servic mortuaire, à moins que la haute position du défun n'y oblige la famille, indique chez les survivants un vive tendresse pour le mort, mais un orgueil et un vanité ridicules.

Il faut cependant se garder de mettre trop de par cimonie dans ces dépenses; en un mot, il faut agi raisonnablement et proportionnellement à ses res sources en se tenant à distance égale des deux excè signalés.

LETTRES D'INVITATION

Aussitôt que tout est réglé à l'église et aux Pompe funèbres, on se rend chez un imprimeur pour l'impres sion des lettres de convocation aux convoi, servic et enterrement.

Il est respectueux pour les invités de faire porte les lettres à domicile.

On peut cependant, sauf quelques exceptions, le mettre à la poste.

Souvent, lorsque les relations du défunt étaien très-étendues, le temps manque pour écrire à la main toutes les adresses.

On peut alors se contenter, pour les indifférents, de faire insérer dans les journaux les plus répandus une invitation générale en quelques lignes ainsi conçues

Les amis et connaissances de M. M.... qui, par oubli involontaire, n'auraient pas reçu de lettres de convocation pour assister à son convoi funèbre, sont prié

de se joindre au deuil qui se réunira le.... à..... heure, à la maison mortuaire, rue....., n°...

Il est très-important aujourd'hui d'indiquer dans les lettres et avis l'heure exacte du service ; pour qu'il n'y ait point doute à cet égard, on ajoute à l'heure les mots *très-précises,* — ainsi à trois heures *très-précises.*

MAISON MORTUAIRE

Les personnes invitées pour un enterrement ne doivent se présenter dans la maison que quand le mort est exposé.

Le salon de l'appartement du défunt doit être préparé pour recevoir les personnes convoquées à la cérémonie funèbre. Si c'est l'hiver, un grand feu doit y être allumé.

Une personne de la famille du défunt, mais à un degré un peu éloigné, doit être chargée de faire les honneurs de ce salon.

Les dames qui touchent de près au défunt doivent rester enfermées dans une chambre où aucun étranger n'est admis.

CORTÉGE FUNÈBRE

Quand le cortége funèbre se met en marche, les parents les plus proches sortent les premiers et se placent derrière le corbillard ; en passant devant les invités, un salut silencieux doit être échangé.

Le maître des cérémonies, ou une personne chargée de ce soin, doit aller prévenir la famille que le convoi va se mettre en marche.

ORDRE SUIVI

Quand le cortége est amené à l'église, voici l'ordre à observer : après le cercueil porté par les employés des Pompes funèbres, vient la personne qui conduit le deuil, puis les parents, puis les invités.

Les domestiques mâles faisant partie de la maison du défunt suivent le corbillard à pied.

Quand la voiture du défunt suit son enterrement, elle doit être vide, toute fermée et drapée de noir.

Elle suit les piétons et marche la première de toutes les voitures.

Si le temps est froid ou s'il pleut, on peut mettre son chapeau sur sa tête pour suivre un convoi ; mais si la température est douce, on le tient à la main pour marquer son respect pour le défunt.

Si on a dû garder le chapeau sur la tête on se découvre au moment où les hommes chargés de cet office ôtent le cercueil du corbillard pour le faire entrer dans l'église.

PLACES A L'ÉGLISE

Dans l'église, les hommes se placent à la droite du corps, et les dames de l'autre côté.

Les dames qui assistent à un service funèbre doivent, autant que possible, se couvrir de vêtements de deuil, sinon éviter sur leur vêtement toute couleur trop gaie ou trop voyante.

Les dames convoquées à un enterrement ne doivent pas aller à la maison du défunt, elles se rendent directement à l'église.

C'est à la famille seule qu'il appartient de parler ou de choisir un ami pour la remplacer dans cette circonstance.

Si l'on est chargé de prononcer un discours sur une tombe, on doit le faire sans emphase, sans longueur, et parler surtout des qualités de celui à qui on adresse les derniers adieux.

La famille du défunt doit faire reconduire jusqu'à leur domicile toutes les personnes qui ont suivi le corps jusqu'au cimetière.

CONVOI MILITAIRE

Si c'est un militaire que l'on doit enterrer, ou un légionnaire ayant été militaire, ou ayant rempli de grandes fonctions publiques, on va en faire la déclaration à l'état-major de la Place (place Vendôme) afin qu'il soit envoyé un détachement de soldats pour suivre le convoi.

La force du détachement est réglée, d'après le grade du défunt, soit dans l'armée, soit dans la Légion d'honneur, et d'après l'importance des fonctions qu'il a remplies pendant sa vie.

Les Pompes funèbres fournissent le deuil de la troupe d'après la commande de la famille.

Les légionnaires civils ont droit à un détachement de la garde nationale, qui est commandé par les soins de l'état-major du bataillon, dont les bureaux sont à la mairie, et où il faut s'adresser aussitôt après qu'on aura l'heure du convoi.

TRANSPORT DES CORPS

Si l'on veut faire inhumer le défunt loin du lieu où il est décédé, il y a des formalités à remplir.

Il faut non-seulement l'autorisation du Préfet ou du sous-Préfet de l'endroit dans lequel la personne est décédée, mais encore le permis d'inhumer du Préfet de police, à Paris pour les corps qui viennent du dehors, dans le ressort de la préfecture.

Quand il règne une épidémie au lieu du décès, il faut aussi le permis d'inhumer du maire du pays où se fera l'inhumation. Suivant les cas réglés par des mesures de police, il faut un cercueil de chêne fort pour renfermer le corps, et quelquefois un cercueil de plomb, surtout lorsque la distance à parcourir est grande; dans tous les cas les prescriptions sanitaires doivent être observées.

Les transports des corps se font habituellement au moyen de voitures funéraires spécialement affectées à ce service, qui marchent en poste, ou qui sont mises sur les trucks au chemin de fer, pour être transportées à la station la plus voisine du lieu de l'inhumation; dans cette voiture montent un membre de la famille et l'employé chargé du transport. Comme le respect des morts doit être aussi grand que le respect que l'on a pour les vivants, nous ne comprenons pas (lorsque l'on peut payer la dépense) que l'on mette le corps de celui qui nous est cher dans un wagon à marchandises et quelquefois à bestiaux, où nul n'est admis à asseoir auprès de lui.

Pour remplir toutes ces formalités et pour l'exécution de ces transports au sujet desquels il n'est établi aucun privilége, on peut s'adresser à monsieur Altairac, entrepreneur autorisé de transports funèbres, place Saint-Thomas d'Aquin, à Paris. (On peut transmettre les ordres par lettre ou par télégramme.)

CHAPITRE II

CÉRÉMONIES MORTUAIRES CHEZ LES PROTESTANTS

INVITATIONS — FLEURS — ENSEVELISSEMENT CONVOI — CHOIX DU PASTEUR

CÉRÉMONIES MORTUAIRES

Les protestants ne conduisent pas le corps du défunt au temple.

La cérémonie mortuaire se fait dans l'appartement du défunt.

INVITATIONS

On n'y convie que la famille ou les plus intimes amis.

Les volets et les rideaux des fenêtres de la pièce où est déposé le cercueil sont hermétiquement fermés, et on allume beaucoup de bougies, mais pas de lampes.

8.

FLEURS

On met des fleurs sur le cercueil ou tout autour, mais *pas sur les meubles.*

ENSEVELISSEMENT

Le pasteur chargé d'un *ensevelissement* se rend à la maison du défunt, où il lit quelques passages de la Bible et des saints Evangiles, puis il dit à haute voix des prières pour le mort et les assistants.

Toute la famille du défunt, quel que soit le degré de parenté, assiste à cette cérémonie mortuaire.

Toutes les personnes qui assistent à cette cérémonie doivent être en très-grand deuil.

CONVOI

Le transport du corps au cimetière s'accomplit avec le même cérémonial que chez les catholiques :

Le pasteur accompagne le corps au cimetière, et c'est lui seul qui, sur la tombe, prononce un discours pieux, non pour vanter les qualités du défunt, mais pour rappeler le néant de la vie.

A moins que ce ne soit un personnage très-important, les protestants s'abstiennent de toute oraison funèbre.

Le pasteur retourne à la maison mortuaire avec la famille.

CHOIX DU PASTEUR

Dans les pays où il y a plusieurs pasteurs, on est libre de choisir celui que l'on désire avoir pour faire la cérémonie funèbre; mais si on n'a pas de préférence particulière, on s'adresse au temple dont on relève, après avoir rempli les actes civils qui permettent l'enterrement; et on y demande le pasteur qui est de quinzaine, en fixant bien exactement l'heure à laquelle il doit se rendre à la maison mortuaire.

CHAPITRE III

CÉRÉMONIES MORTUAIRES CHEZ LES ISRAÉLITES

VEILLE DU CORPS
CONVOCATION DE FAMILLE — PRIÈRES DU RABBIN
OBLIGATIONS POSTÉRIEURES AU DÉCÈS

VEILLE DU CORPS

Aussitôt le décès, on prévient la Société des inhumations qui envoie des gardiens pour veiller auprès du corps jusqu'à l'expiration des vingt-quatre heures.

Les vingt-quatre heures expirées, ces gardiens, après les ablutions indiquées par la loi israélite, enveloppent le corps d'un linceul blanc et le mettent dans la bière.

Quand la famille est pauvre, c'est la Société des inhumations qui fournit le linceul et la bière.

CONVOCATION DE FAMILLE

Les parents et amis sont conviés pour se réunir à la maison du défunt.

PRIÈRES

A l'arrivée du corps au cimetière israélite commencent les prières, qui se continuent jusqu'à la tombe.

Le rabbin et les enfants de chœur accompagnent le cortége funèbre dès le départ de la maison mortuaire.

DISCOURS DU RABBIN

Au bord de la tombe, le rabbin prononce un discours sur les actes de la vie du défunt, le bénit et le recommande à Dieu.

OBLIGATIONS POSTÉRIEURES AU DÉCÈS

Pendant les huit jours qui suivent le décès d'un parent très-proche, il faut aller au temple assister aux prières, en y faisant joindre une prière spéciale pour le défunt.

Les proches parents du défunt doivent faire des offrandes en argent, selon leurs moyens.

On agit de même au bout du premier mois et à chaque anniversaire.

Les hommes seuls sont tenus d'aller au temple.

Une loi religieuse défend aux israélites d'assister à aucune fête, mariage, ni baptême, pendant toute la durée du deuil.

Le fils doit laisser pousser sa barbe pendant un mois après la mort de son père ou de sa mère.

Autrefois, les israélites ne portaient le deuil que de leur père et mère, aujourd'hui ils suivent les usages généralement établis.

CHAPITRE IV

DU DEUIL

DEUIL DE VEUVE — DÉLAI — COSTUME — NOUVEAU MARIAGE — DEUIL DE VEUF — NOUVEAU MARIAGE — DEUIL DE PÈRE OU DE MÈRE — D'ENFANT — DE GRAND PÈRE OU DE GRAND'MÈRE — DE FRÈRE OU DE SŒUR — D'ONCLE ET DE COUSIN — DÉTAILS DE TOILETTE — DEUIL DES DOMESTIQUES — DES VISITES OU DES RÉCEPTIONS PENDANT LE DEUIL — COSTUME OBLIGATOIRE POUR LES INVITÉS A UN ENTERREMENT.

DEUIL DE VEUVE

Le deuil le plus sévère est celui que porte une femme pour son mari.

DÉLAI

Le deuil de veuve se porte deux ans.
Le deuil de veuf se porte six mois, un an au plus.

COSTUME

Un deuil de veuve se porte un an en laine noire avec un voile, un col et des manchettes de crêpe : six mois en soie noire avec des dentelles noires; dans les derniers six mois, seulement, il est permis de prendre du gris, du violet et du blanc.

NOUVEAU MARIAGE

Si une veuve se remarie avant que le terme de son deuil soit expiré, elle peut quitter le deuil le jour de son mariage; mais elle doit le reprendre le lendemain, et son nouveau mari doit le porter avec elle.

La loi défend à une veuve de se remarier avant dix mois révolus depuis la mort de son mari.

DEUIL DE VEUF

Si un veuf se remarie pendant la durée de son deuil, il quitte de même le deuil le jour de son mariage et le reprend le lendemain; et, tant qu'il porte encore ce deuil, sa nouvelle épouse ne doit porter que du noir, du blanc, du gris ou du violet: toute autre couleur lui est interdite.

NOUVEAU MARIAGE

Un veuf peut se remarier aussitôt qu'il le désire, après la mort de sa femme.

Une femme en deuil de veuve ne doit pas rester la tête nue même chez elle; elle ne doit pas friser ses cheveux et doit porter un bonnet.

DEUIL DE PÈRE OU DE MÈRE

On porte pendant un an le deuil de son père ou de sa mère.

Ce deuil exige six mois de laine et de crêpe noir, — trois mois de soie noire avec dentelle noire ou tulle noir, — et les derniers trois mois en gris, blanc ou violet si l'on veut.

DEUIL D'ENFANT

Le deuil pour ses enfants se porte comme pour les père et mère.

DE GRAND-PÈRE OU DE GRAND'MÈRE

Le deuil pour un grand-père ou une grand'mère est de six mois, — trois mois en laine noire avec crêpe noir, — six semaines en soie noire avec tulle noir ou dentelles noires, six semaines avec gris, blanc ou violet.

Lorsque l'on est héritier du défunt, on doit porter son deuil comme celui d'un grand-père ou d'une grand'mère.

DE FRÈRE OU DE SŒUR

Pour un frère ou pour une sœur on porte le deuil quatre mois : — deux mois en laine noire et crêpe noir, — un mois en soie noire et un mois avec gris, blanc ou violet.

D'ONCLE & DE COUSIN

Le deuil d'un oncle se porte trois mois ; mais il n'est pas rigoureux, et l'on peut mettre de suite de la soie noire, du tulle noir et de la dentelle noire.

Pour les cousins le deuil est de six semaines, et on peut le porter avec de la lingerie blanche dès le premier jour.

On n'est pas tenu à porter le deuil de ses descendants autres que ses enfants.

Ainsi un oncle et une tante ne sont pas tenus à prendre le deuil d'un neveu ou d'une nièce.

On n'est pas tenu à porter le deuil d'un parent, quelque rapproché qu'il soit, si la famille ne vous fait pas figurer dans la lettre de faire part du décès.

DÉTAILS DE TOILETTE

On ne peut pas porter des gants de peau en grand deuil : on porte des gants en laine noire, puis de filoselle noire, puis de soie noire.

Un très-grand deuil ne permet aucun bijou, *même en jais noir* ou en fer de Berlin.

Les broderies ou ornements en jais noir, même sur la laine noire, ne s'acceptent pas pour un très-grand deuil.

DEUIL DES DOMESTIQUES

On doit mettre ses domestiques en deuil, quand on prend le deuil de veuf ou de veuve; celui de ses père et mère ou de ses enfants.

Les habits de très-grand deuil pour les hommes doivent être sans boutons comme ceux des quakers.

La cravate blanche est de rigueur chez un homme pour un très-grand deuil.

Les cravates blanches et les pleureuses que portent les hommes, dans un très-grand deuil, doivent être en batiste.

On appelle *pleureuses* des bandes blanches qui s'adaptent aux parements des manches de l'habit.

DES VISITES OU DES RÉCEPTIONS PENDANT LE DEUIL

On ne doit pas faire de visites de cérémonie pendant toute la durée de son grand deuil.

Une veuve ne peut faire de visites de cérémonie qu'après le service de bout de l'an de son mari défunt.

Quand une femme s'est remariée, elle ne doit faire aucune invitation pour le service de bout de l'an qui a lieu pour son premier mari.

Une veuve qui s'est remariée avant la fin de son année de grand deuil et qui reprend ce deuil, peut le porter d'une façon moins rigoureuse que si elle était restée veuve. Les visites lui sont alors permises.

Une veuve ne doit pas recevoir de visites; c'est-à-dire *prendre un jour*, pendant l'année de son grand deuil.

On ne doit pas recevoir de visites pendant les premières six semaines d'un grand deuil, les amis intimes exceptés.

On ne doit aller ni au spectacle ni dans tout autre endroit de plaisir, ni à un dîner prié, pendant qu'on porte le deuil de laine.

Un mari et une femme, fussent-ils séparés judiciairement, sont tenus au même deuil et aux mêmes formalités que s'ils vivaient ensemble au moment du décès de l'un des deux.

Il est de la plus haute inconvenance d'aller acheter soi-même ses vêtements de deuil.

Si ce n'est quand on veut assister au convoi, on ne doit pas prendre le deuil aussitôt le décès, on semblerait l'avoir préparé à l'avance.

Il faut laisser s'écouler une huitaine de jours entre la mort et le jour où l'on prend régulièrement le deuil.

En attendant on revêt des vêtements sombres; on porte un bonnet de linge, sur lequel on met une fanchon de crêpe noir, un col et des sous-manches en crêpe noir, et l'on ne reçoit personne à l'exception de sa famille et d'amis très-intimes.

On ne doit pas travailler soi-même aux robes de deuil que l'on va porter. — Cette condition tombe d'elle-même pour les personnes que leur position ou la nécessité force à ce travail.

Un musicien, un artiste ou toute autre personne dont la profession a pour but le plaisir des autres, doit s'abstenir de se montrer en public au moins pendant les quinze premiers jours de grand deuil.

Un ministre ou un haut personnage doit, dans le

même cas, s'abstenir de tout devoir le forçant à paraître en public.

Quand on est en deuil, on se sert généralement pour écrire de papier et d'enveloppes bordés de noir; cependant, le papier blanc et les enveloppes blanches sont également admises même dans le très-grand deuil.

Seulement si on cachète ses lettres avec de la cire, il faut prendre de la cire noire ou de la cire blanche, toute autre couleur est interdite.

Pendant toute la durée d'un grand deuil, on ne doit assister à aucun enterrement ou service funèbre à moins que ce service ne soit fait pour la personne que l'on pleure.

On ne doit pas assister en deuil à une messe de mariage.

On ne souhaite jamais la fête à une personne qui est en très-grand deuil.

COSTUME OBLIGATOIRE POUR LES INVITÉS A UN ENTERREMENT

Les dames qui assitent à un service funèbre doivent s'habiller, sinon en deuil, du moins avec des vêtements sombres et un voile noir au chapeau.

Les hommes portent des gants noirs.

On ne doit pas plus assister à une messe mortuaire en chapeau rose qu'à une messe de mariage en deuil.

Quand on est en grand deuil on s'abstient de toutes visites de condoléance.

Si on reçoit une lettre de décès on écrit à la personne qui l'a envoyée, et on fait porter sa lettre à domicile en y joignant sa carte.

Les tous jeunes enfants ne se mettent pas en deuil On les habille en blanc sans y joindre aucune couleur.

On habille ses domestiques en deuil pour le jour de l'enterrement auquel ils doivent assister.

Quand on habille ses domestiques en deuil on leur donne deux vêtements : ceux du matin pour le travail, et ceux de l'après-midi. Il est plus que ridicule de ne leur donner des habits de deuil qu'à l'heure des visites.

QUATRIÈME PARTIE

DES LETTRES EN GÉNÉRAL

CHAPITRE PREMIER

LETTRES DE FAIRE PART

LETTRES DE DÉCÈS — COMMENT ELLES S'ENVOIENT
DE LA FERMETURE DES LETTRES
LETTRES DE MARIAGE — CARTES D'AVIS
FORMULES
LETTRES D'AVIS DE LA NAISSANCE D'UN ENFANT

LETTRES DE DÉCÈS — COMMENT ELLES S'ENVOIENT

Un père et une mère ne font jamais part de la mort de leurs enfants.

Un grand-père ou une grand'mère ne doivent jamais figurer dans une lettre de faire part relative à la mort d'un de leurs petits-enfants.

Enfin, règle générale : aucun ascendant n'envoie de lettres faisant part du décès d'un de ses descendants.

Une lettre de décès doit être simple.

Le nom de la personne dont on annonce la mort doit figurer en tête de la lettre, en gros caractères et être suivi, s'il y a lieu, de ses titres et dignités.

Les noms des membres de la famille viennent ensuite; leurs titres ou dignités ne se mettent qu'en abrégé.

Les cousins au-delà de germains ne doivent pas figurer dans une lettre mortuaire.

Quand une personne de la famille du défunt se trouv dans une haute position, tout-à-fait hors ligne, on n la fait pas figurer si le degré de parenté est tro éloigné (1).

DE LA FERMETURE DES LETTRES

Les lettres de décès s'impriment sur du grand papie glacé, entouré d'une bande noire.

On ne les met pas sous enveloppe, mais on les pli en deux et on les ferme par une petite bande entouré de noir.

LETTRES DE MARIAGE

Les lettres de faire part pour les mariages se fon collectivement par les deux familles, celle la mariée e celle du marié.

Les ascendants seuls doivent figurer dans une lettr de mariage.

Ces lettres sont imprimées sur papier blanc glacé on les plie comme les lettres ordinaires.

Elles sont doubles.

La première page contient l'avis adressé par le ascendants de la mariée, la seconde l'avis adressé pa les ascendants du marié.

(1) Ainsi on a beaucoup raillé une famille alliée au Pape, et q avait jugé à propos de faire figurer Sa Sainteté dans une lettre d faire part.

CARTES D'AVIS

L'usage s'établit aujourd'hui de remplacer ces lettres par de grandes cartes glacées et dorées. Dans ce cas, on n'en envoie qu'une seule de la part et au nom des deux familles.

LETTRES D'AVIS DE LA NAISSANCE D'UN ENFANT

Les lettres de faire part pour la naissance d'un enfant sont envoyées par le père du nouveau-né seulement. La mère et les grands parents n'y figurent pas.

Les lettres de naissance se font sur du petit papier glacé et se mettent sous enveloppe non cachetée.

FORMULES

La formule d'une lettre de naissance doit être fort simple.

Les lettres sont souvent remplacées par des cartes glacées et dorées.

Les lettres de faire part ont une formule adoptée que connaissent les imprimeurs; il est préférable de s'en rapporter à leur expérience.

Une lettre de faire part doit toujours être affranchie; mais on doit se garder d'adresser par la poste les lettres destinées à ses supérieurs ou aux personnes auxquelles on doit du respect; il est nécessaire de les faire déposer chez le concierge de leur maison.

Les lettres de faire part, comme les lettres d'invitation, permettent une adresse collective; ainsi on écrit : *A Monsieur et Madame...*

Monsieur doit toujours être mis le premier.

Quand sur une adresse de lettre on doit faire figurer un titre et une dignité, on commence toujours par la dignité. Ainsi, par exemple :

A Monsieur le général, baron de L...

A Monsieur le sénateur, marquis de B...

Il est contraire à l'usage, sur une lettre quelconque, de répéter deux fois *Monsieur* ou deux fois *Madame*. Ainsi :

A Monsieur, *Monsieur G...*, ou : *A Madame, Madame P...*

Une lettre de faire part, quelle qu'elle soit, ne se cachette jamais, à moins qu'on ne la mette *sous bande*.

CHAPITRE II

CORRESPONDANCE PARTICULIÈRE

LETTRES REMISES A UN TIERS
FORMULES — EMPLOI DE LA TROISIÈME PERSONNE
MARGE — DATE — CACHET

LETTRES REMISES A UN TIERS

On ne cachette jamais une lettre qu'on donne à quelqu'un pour être remise à une tierce personne, à moins que le porteur ne soit un inférieur.

FORMULES

Un homme ne doit jamais se servir du terme *chère madame*, écrivant à une dame qui est plus jeune que lui, et il faut une très-grande intimité pour qu'il emploie ces mots à l'égard d'une dame du même âge ou plus âgée que lui; encore doit-il s'exprimer ainsi : *Chère madame et amie*.

Une jeune femme n'écrit jamais : *Cher monsieur*.

Quand on écrit à une dame, il faut toujours mettre

en vedette, soit *Madame*, soit *chère Madame e[illegible] amie.*

Une jeune femme, en écrivant à un homme, doit de même placer *Monsieur* en vedette.

Une femme ne doit jamais se servir de ces expressions : *me faire l'honneur*, ou : *j'ai l'honneur*, qu'elle écrive à une autre dame ou à un monsieur, à moins que le destinataire ne soit un très-grand personnage, un ministre ou un prêtre, ou que cette lettre ait la forme de placet.

Une femme ne doit pas s'en servir dans une lettre d'invitation.

EMPLOI DE LA TROISIÈME PERSONNE

Les lettres imprimées peuvent être formulées à la troisième personne; mais dans les lettres manuscrites on n'emploie la troisième personne qu'en écrivant à sa couturière ou à son tailleur.

MARGE

On ne fait de marge à son papier que pour les lettres de commerce.

DATE

On ne met la date en tête d'une lettre que si elle est très-familière, sinon cette date s'écrit au-dessous de la signature, faisant pendant à l'adresse.

CACHET

Une lettre adressée à une personne pour laquelle on a du respect, soit comme position, soit comme âge, ne doit pas être cachetée avec des allégories ou devises, si on se sert de cire pour la fermer, mais seulement avec des armoiries ou un chiffre.

CHAPITRE III

—

DES PÉTITIONS

—

PAPIER MINISTRE — FORMULES DIVERSES — PÉTITIONS AUX SOUVERAINS OU AUX GRANDS DIGNITAIRES — RATURES — RECTO ET VERSO — ADRESSE ET DATE — AFFRANCHISSEMENT — APOSTILLES.

PAPIER MINISTRE

Les pétitions doivent être écrites sur une grande feuille de papier glacé, dite *papier ministre*. On plie cette feuille en long par moitié, et l'on écrit sur le côté de droite.

FORMULES DIVERSES

Tout au haut de la page, si la pétition s'adresse à un souverain, on met : *Sire*, puis dans le courant de la lettre : *Votre Majesté*. Si c'est à une souveraine, on met : *Madame*, et ensuite : *Votre Majesté*. Si c'est à un ministre, à un archevêque ou à un évêque : *Monseigneur*, et ensuite pour le ministre : *Votre Excellence*, et pour les grands dignitaires de l'Église : *Votre Grandeur*.

PÉTITIONS AUX SOUVERAINS OU AUX GRANDS DIGNITAIRES

Une pétition adressée au Pape doit porter : *Très-Saint Père*, et dans le courant de la pétition on se sert des termes : *Votre Sainteté* ou *Votre Béatitude*.

Une femme ne doit jamais adresser directement une pétition au Pape.

Une pétition adressée à un cardinal-prince doit porter : *Votre Altesse éminentissime*, en vedette, et dans le courant : *Monseigneur*.

A des princes et princesses, on se sert des mots : *Monseigneur*, *Madame* et *Votre Altesse*.

Pour les membres de la famille régnante, on écrit : *Votre Altesse*.

RATURES

Une pétition doit être très-courte, très-claire et très-respectueuse.

On ne doit jamais envoyer une pétition où il se trouverait des ratures.

RECTO & VERSO

Après le mot en vedette, *Sire*, *Madame*, etc., on commence à écrire sa pétition aux deux tiers de la même page.

Quatre ou cinq lignes suffisent pour commencer, parce qu'il faut encore laisser un grand espace blanc au bas de la page.

Sur le verso de cette même page on continue sa pétition, mais on ne doit commencer à écrire qu'après une grande place laissée en blanc comme au bas du recto.

La pétition achevée, on ne doit pas écrire : *J'ai l'honneur d'être*, on met : *Je suis*,

Sire, ou *Monseigneur*,

De Votre Majesté, de votre Grandeur, de votre Excellence (selon les titres du grand dignitaire),

Le très-humble sujet — ou serviteur.

La signature doit être correcte, mais le paraphe très-simple et sans *floritures*.

ADRESSE & DATE

On met ensuite au bas de la page son adresse, et de l'autre côté, sur la même ligne, la date, jour, mois et année.

Une pétition se plie en quatre et se place sous une grande enveloppe.

On cachette cette enveloppe avec de la cire, frappée soit de ses armes, soit de ses initiales, mais en aucun cas on ne doit faire usage d'un cachet à devise.

On ne doit pas se servir de pains à cacheter.

L'adresse doit porter les titres de la personne à laquelle la pétition est adressée : ces titres ne doivent jamais être écrits en abrégé : ainsi on ne met pas S. M. pour *Sa Majesté*, si on écrit au souverain, — ni S. Ex. pour *Son Excellence*, si c'est à un ministre, et ainsi de suite.

Quand la personne à laquelle s'adresse votre pétition

a plusieurs titres ou dignités, on ne les écrit pas tous, mais on y met le plus considérable d'entre tous, le faisant suivre du signe &[a].

AFFRANCHISSEMENT

On n'applique pas de timbres-poste sur l'enveloppe d'une pétition envoyée au Souverain, ou à un des grands dignitaires de l'Etat,

Si la demande reste sans réponse, il faut attendre au moins six mois avant d'adresser une seconde pétition.

Cette seconde pétition doit être la répétition de la première.

APOSTILLE

Quand on fait apostiller sa pétition, c'est sur le côté de la page resté en blanc que doit être écrite l'apostille. Une apostille doit toujours être courte et concise.

Une femme ne doit jamais apostiller la pétition d'un homme, à moins que celui-ci ne soit son inférieur.

Un homme, à moins qu'il ne soit dans une position élevée, ne doit jamais apostiller la pétition d'une jeune fille ou d'une jeune femme.

CHAPITRE IV

DES CARTES DE VISITES

DÉLAIS DE RIGUEUR — CARTES EN RÉPONSE : 1° A UNE INVITATION A DINER ; 2° A UNE INVITATION A UN BAL OU A UN CONCERT — CARTES DE FÉLICITATION OU DE CONDOLÉANCE — CARTES DE DEUIL — CARTES DE JOUR DE L'AN — CARTES CORNÉES OU PLIÉES.

DÉLAIS DE RIGUEUR

Quand on reçoit une lettre de faire part soit de naissance, soit de mariage, soit de décès, si on n'est pas assez intime pour rendre une visite à la personne de qui on a reçu cette politesse, on doit lui envoyer ses cartes dans la huitaine qui suit la réception de cette lettre.

Si cette lettre vous est adressée par une personne qui habite la province, vous devez répondre par une lettre de félicitation ou de condoléance.

Que vous soyez lié ou non avec la famille, si vous ne recevez qu'une lettre de faire part du mariage d'un de ses membres sans qu'il y soit joint une invitation d'assister à la messe, vous ne devez qu'une carte.

CARTES EN RÉPONSE : 1° A UNE INVITATION A DINER

Quand on reçoit une invitation à dîner, il faut répondre de suite si on refuse, mais si on accepte on envoie simplement sa carte.

2° A UNE INVITATION A UN BAL OU A UN CONCERT

Quand on reçoit une invitation pour un bal ou une soirée, on doit aussitôt envoyer sa carte à la personne qui vous l'a adressée, que l'on accepte ou non.

Si vous avez assisté soit à un bal, soit à un concert, soit à toute autre soirée, vous devez envoyer votre carte dans la huitaine qui suit cette soirée, si vous ne désirez pas y retourner; mais si vous désirez être invité de nouveau, c'est une visite que vous devez, et vous avez la quinzaine pour la faire.

CARTES DE FÉLICITATION OU DE CONDOLÉANCE

Si une personne de votre connaissance vient d'obtenir une faveur ou un haut emploi, vous devez aussitôt lui envoyer des cartes.

Il en est de même si c'est un malheur ou une disgrâce qui la frappe.

Si une personne de votre connaissance fait parler d'elle par une belle action, un beau discours, par quelque chose enfin qui la mette en évidence, vous devez aussitôt lui envoyer des cartes en signe de félicitation.

Les cartes de visite du meilleur goût sont les plus simples.

Les cartes des hommes peuvent porter leur adresse; jamais celles d'une dame, à moins qu'elle ne soit dans le commerce.

CARTES DE DEUIL

Les cartes bordées de noir sont les seules dont on puisse se servir quand on est en grand deuil.

CARTES DE JOUR DE L'AN

C'est seulement à l'époque du jour de l'an qu'on peut envoyer les cartes par la poste, c'est-à-dire sous enveloppe.

CARTES CORNÉES OU PLIÉES

En toute autre occasion, comme elles doivent remplacer une visite, on les fait mettre, toutes cornées, chez le concierge de la maison.

Il y a des endroits où il est d'usage de ne mettre qu'une seule carte pour toute une famille, en *cornant* deux, trois et même quatre fois la carte si cette famille se compose de deux, trois ou quatre membres,

Dans d'autres, on met autant de cartes qu'il y a d personnes dans la famille.

Mais à Paris, on vient d'adopter l'usage anglai qui consiste à plier la carte par la moitié, ce qui ve dire qu'elle est pour tous les membres de la famille.

On a toute la première quinzaine de janvier pou envoyer les cartes de jour de l'an.

Si une personne avec laquelle vous n'entretenez qu des relations de *cérémonie* tombe gravement malade vous devez envoyer prendre de ses nouvelles chez sc concierge en y faisant déposer vos cartes.

Quand on relève de maladie, il faut aussitôt envoye des cartes à toutes les personnes dont on en a reçu.

Quand on part pour la campagne, il faut envoye ses cartes à toutes les personnes que l'on connaît, av cette indication à la plume : P. P. C., c'est-dire *pou prendre congé*.

Quand une personne de votre connaissance vous écrit pour solliciter votre bienfaisance à l'occasio d'une quête dont elle est chargée, vous envoyez vot carte portant votre offrande, mettant le tout so enveloppe et le faisant déposer chez le concierge de maison.

Une dame n'envoie jamais de cartes chez un homm non marié.

Au retour de la campagne, on envoie des cartes au personnes de sa connaissance avec lesquelles on ve rester en relations.

Quand on est présenté dans le monde à des personn qui vous engagent à les venir voir, on doit, dès lendemain, leur envoyer des cartes, si on a le dés d'accepter cette invitation.

Quand les cartes sont destinées à reconnaître u

politesse, il faut les porter soi-même ou les envoyer par un domestique; dans ce dernier cas, elles ne doivent pas être cornées.

Si au contraire les cartes doivent remplacer une visite, elles doivent être cornées comme il a été dit plus haut.

Des cartes cornées ne doivent jamais être mises chez une personne pendant les heures ou les jours où elle reste chez elle, ce serait lui faire une impertinence.

Une demoiselle, quel que soit son âge, n'est jamais tenue d'envoyer des cartes.

CINQUIÈME PARTIE

DES AUDIENCES

CHAPITRE PREMIER

AUDIENCES DU PAPE OU D'UN HAUT DIGNITAIRE DE L'ÉGLISE

DEMANDE D'AUDIENCE — COSTUME OBLIGATOIRE POUR LES DAMES OU LES MESSIEURS
CÉRÉMONIAL — RÉVÉRENCES ET GÉNUFLEXIONS
FORMULES RESPECTUEUSES.

DEMANDE D'AUDIENCE

Quand on se rend à Rome pour obtenir une audience du Saint-Père, c'est l'ambassadeur qui doit faire parvenir la demande au secrétariat du Vatican.

A moins de cas tout-à-fait exceptionnels, les dames n'obtiennent jamais d'audience particulière de Sa Sainteté.

COSTUME OBLIGATOIRE POUR LES DAMES OU LES MESSIEURS

Il y a un cérémonial exigé dans la toilette des dames qui doivent être présentées au Saint-Père. Robe noire, grand voile blanc ou noir sur la tête, sans chapeau, gants blancs.

Les hommes doivent se présenter en habit noir,

souliers vernis, cravate blanche, gilet blanc et gants blancs.

CÉRÉMONIAL

Quand le Pape entre dans la galerie où se trouvent réunies les dames qui doivent lui être présentées, celles-ci se mettent à genoux, et elles ne se relèvent que sur l'invitation qui leur en est faite par le Saint-Père.

RÉVÉRENCES & GÉNUFLEXIONS

Les hommes qui ont l'honneur d'obtenir une audience particulière doivent faire trois génuflexions en se présentant devant le Chef de l'Eglise, une à la porte de la salle d'audience, une au milieu et une auprès du Saint-Père, et l'étiquette vous contraindrait à rester ainsi agenouillé pendant toute la durée de l'audience, si le Pape ne vous relevait de cet humble hommage par un signe de bonté qui vous permet de rester debout devant lui.

Personne ne s'asseoit devant le Saint-Père, les cardinaux seuls ont droit à un petit escabeau de bois.

FORMULES RESPECTUEUSES

Quand le Pape vous adresse une demande, vous devez répondre brièvement. Les termes consacrés sont ceux-ci : *Mon Très-Saint Père* ou *Votre Sainteté.*

Quand on obtient une audience d'un prince de l'Eglise, le cérémonial est moins sévère ; les femmes doivent être habillées de noir ou de couleur très-sombre; elles ne mettent pas de voile, mais un chapeau et des gants de couleur assortis à leur toilette.

Les hommes doivent porter la toilette indiquée plus haut, sauf les gants blancs.

On remplace les génuflexions par trois salutations.

On se sert des expressions : *Votre Excellence* et *Votre Eminence.*

On ne s'assied pas devant un prince de l'Eglise, à moins qu'il ne vous en donne l'ordre. Et alors on doit avoir le soin de prendre le siége le plus modeste et le plus bas.

L'étiquette pour les audiences accordées par les évêques est conforme à celle que l'on doit observer à une audience accordée par un ministre.

Monseigneur est le terme dont on doit se servir en parlant à un évêque.

Quand on veut obtenir une audience soit d'un prince de l'Eglise, soit d'un évêque, c'est au secrétaire des commandements que la demande doit être adressée.

Il est contraire à l'usage d'envoyer sa demande par la poste, on la porte ou on la fait porter à la demeure du personnage par lequel on désire être reçu.

Dans les pays étrangers, où l'on demande et obtient une audience du souverain, il faut se conformer au cérémonial qui est généralement indiqué par l'ambassadeur.

CHAPITRE II

—

AUDIENCES ACCORDÉES PAR LE SOUVERAIN

—

DEMANDE AU GRAND CHAMBELLAN — FORME DE CETTE DEMANDE — TOILETTE DES DAMES ET DES MESSIEURS — SALLE D'ATTENTE — CÉRÉMONIAL — SALUTS ET RÉVÉRENCES — ÉTIQUETTE

DEMANDE AU GRAND CHAMBELLAN

Quand vous désirez obtenir une audience d'un Souverain, c'est au grand chambellan que doit être adressée votre demande.

Les termes dont on se sert vis-à-vis de lui sont : *Monseigneur* et *Votre Excellence*.

Vous pouvez lui envoyer votre demande par la poste, mais sans mettre de timbre sur la lettre, sa haute position lui donnant droit à la franchise postale.

FORME DE CETTE DEMANDE

La lettre doit être écrite sur une grande feuille de papier, dans les formes indiquées au chapitre des pétitions.

On y joint une pétition adressée au souverain, et dans laquelle on demande l'audience.

Cette pétition doit être courte et concise

Dans la lettre adressée au grand chambellan, on explique plus longuement le motif de la demande d'audience, en évitant cependant les longs détails et les inutilités.

TOILETTE DES DAMES & DES MESSIEURS

La toilette des dames qui ont obtenu une audience doit être simple, mais fraîche et distinguée; ainsi, les couleurs voyantes et les toilettes *tapageuses* seraient du plus mauvais goût.

Les manteaux de velours, quelque riches qu'ils soient, fussent-ils même garnis de superbes fourrures; les manchons et les voiles, quelle que soit la richesse de la dentelle, sont trop négligés.

Pour les hommes, habit noir, gilet et cravate blanche, souliers vernis et gants de demi-teinte.

Si l'homme qui a obtenu une audience est attaché soit à un corps, soit à une administration qui l'oblige à porter uniforme, c'est dans cet uniforme qu'il doit se présenter.

Il faut arriver bien exactement à l'heure indiquée par la lettre d'audience.

SALLE D'ATTENTE

En entrant dans le salon d'attente, s'il y a déjà du

monde, on salue à la porte, puis on va prendre un siége.

CÉRÉMONIAL

Une dame s'asseoit sur un fauteuil, un homme sur une chaise.

Si c'est l'hiver et qu'il y ait du feu dans la cheminée, on peut s'en approcher pour se chauffer, si on a froid ; mais il n'est pas permis de se placer devant la cheminée, le dos tourné à la flamme comme si on était chez soi.

Quand le chambellan de service prononce votre nom à haute voix, vous vous levez, vous le saluez, puis vous marchez vers la porte du salon d'audience qu'il vient d'ouvrir.

SALUTS & RÉVÉRENCES

Vous entrez, mais avant d'avancer vous faites une très-profonde révérence, vous marchez quelques pas, puis vous faites une seconde révérence aussi profonde que la première ; enfin, vous vous avancez devant le Souverain, et vous faites une troisième révérence pareille aux deux autres, puis vous attendez respectueusement qu'il vous adresse la parole.

On répond toujours : *Oui* ou *non*, *Sire*, si c'est le souverain qui vous a parlé.

Oui ou *non, Madame*, si c'est la souveraine. Dire : *Oui*, *Majesté; Non*, *Majesté*, est contraire à l'étiquette et vous rend ridicule.

ÉTIQUETTE

C'est toujours à la troisième personne que l'on doit parler à un souverain. Ainsi on dit : *Sa Majesté daigne-t-elle me permettre telle chose ? — Sa Majesté me fait-elle l'honneur de m'accorder*, etc., etc.—C'est aussi manquer à l'étiquette de dire à un souverain : *J'ai l'honneur de présenter à Votre Majesté.* On doit donc dire en lui parlant : *Je présente à* etc.

Il ne faut pas chercher à prolonger son audience, et dès qu'elle paraît terminée, on doit faire sa révérence de congé.

On se retire toujours à reculons, car on ne doit jamais tourner le dos à une tête couronnée.

On fait les deux autres révérences, une au milieu de la pièce et l'autre contre la porte de sortie, avant de se retirer.

CHAPITRE III

AUDIENCES ACCORDÉES PAR UN MINISTRE

DEMANDES AU SECRÉTARIAT
TOILETTES D'USAGE
CÉRÉMONIAL — FORMULES

DEMANDES AU SECRÉTARIAT

Pour obtenir une audience d'un ministre, il faut lui adresser sa demande au secrétariat; on doit affranchir sa lettre, si on l'envoie par la poste.

TOILETTES D'USAGE

L'étiquette pour la toilette n'est pas sévère, mais pourtant il est de bon goût de se présenter vêtu comme pour une visite de cérémonie.

Les hommes avec des gants de teinte demi-claire, sinon l'habit, au moins une redingote ajustée et la chaussure très-fraîche.

Pour les femmes, il faut une toilette simple et des gants frais.

CÉRÉMONIAL

Quand on entre dans le salon où se tient le ministre, on fait deux révérences, l'une à la porte et l'autre lorsqu'on arrive devant lui.

Les hommes se tiennent debout durant toute l'audience.

Les femmes ne s'asseoient que sur l'invitation qui leur en est faite par le ministre.

On attend que le ministre vous adresse une demande avant de prendre la parole.

Quand on parle, ce doit être d'une façon courte et respectueuse.

Au premier signe que fait le ministre pour vous montrer que votre audience est achevée, vous devez vous lever si vous êtes assis, et saluer pour prendre congé.

Il n'y a pas chez un ministre la même étiquette qu'à la cour. On n'est pas obligé de sortir à reculons.

FORMULES

On se sert des termes : *Monseigneur* et *Votre Excellence* en parlant à un ministre, de même qu'en lui écrivant.

Si le ministre vous demande une note et vous offre une plume pour l'écrire devant lui, vous devez vous lever aussitôt et vous déganter pour prendre la plume.

En sortant du salon où vous avez été reçu en audience, vous faites encore une profonde révérence contre la porte.

SIXIÈME PARTIE

VISITES & RÉCEPTIONS

CHAPITRE PREMIER

DES VISITES EN GÉNÉRAL

E LEUR DURÉE — CIRCONSTANCES DIVERSES — VISITES OBLIGATOIRES — TOILETTES — VISITES DE FÉLICITATION — DE L'ARRIVÉE ET DU DÉPART — CONVERSATION — DES VÊTEMENTS QU'ON DOIT LAISSER DANS L'ANTI-CHAMBRE — SALUTS AU MAITRE DE LA MAISON — VISITES DU JOUR DE L'AN — VISITES DE CÉRÉMONIE — VISITES CHEZ UN AMI MALADE — PRÉSENTATIONS — ATTITUDE GÉNÉRALE DU VISITEUR.

DE LEUR DURÉE

Toute visite de cérémonie doit être très-courte : un quart-d'heure suffit.

CIRCONSTANCES DIVERSES

Si vous faites visite à un homme en place, et que vous le jugiez préoccupé, votre présence le gêne évidemment, prenez congé de lui sur-le-champ, mais sans montrer de contrariété, ce qui serait manquer de savoir-vivre.

Si vous faites une visite à une heure rapprochée du

dîner, ne la prolongez pas, et dès que vous jugez votre présence gênante, levez-vous pour vous retirer, en prétextant l'heure avancée qui vous force de rentrer chez vous.

Si la personne à laquelle vous venez rendre visite est sur le point de sortir, ne la retenez pas, et malgré ses instances, retirez-vous aussitôt.

VISITES OBLIGATOIRES

On doit une visite au père et à la mère des mariés qui vous ont envoyé une lettre d'invitation à la bénédiction nuptiale de leurs enfants.

Ces visites se font dans la quinzaine qui suit le mariage.

On ne doit de visite aux jeunes mariés qu'après avoir reçu la leur.

On a un délai d'un mois pour rendre une visite qui vous a été faite.

On a tout le mois de janvier pour faire les visites du jour de l'an.

C'est le 31 décembre que l'on doit faire la visite du jour de l'an aux grands parents et à ses supérieurs.

On doit faire dans la huitaine, la quinzaine au plus les visites dites *visites de digestion*, à la maîtresse de la maison chez laquelle on a dîné.

Si une cause grave ou une indisposition vous empêche de faire cette visite, il faut adresser vos excuses par lettre.

On ne doit faire de visite aux personnes *qui ont un jour* qu'au jour choisi par elles, à moins de grande intimité : agir autrement serait une impolitesse.

Si vous avez été invité à une soirée et que vous désiriez rester en relation avec les maîtres de la maison où vous avez été prié, vous devez leur faire une visite pendant le mois qui suit cette soirée.

Les heures choisies pour rendre visite varient selon les pays où l'on se trouve. A Paris, elles se font de trois à six heures; en province, de deux à cinq heures.

Les visites du soir sont faites habituellement par les hommes seulement, à moins que ce ne soit dans les maisons qui reçoivent par huitaine ou par quinzaine sans invitation. Les femmes y vont alors passer une demi-heure ou une heure, et cela compte comme visite.

TOILETTES

Pour ces visites, les toilettes *habillées* sont indispensables.

Pour les visites de jour, une jolie toilette est de bon goût, mais il faut éviter de mettre ce qui n'appartient qu'au soir; ainsi un homme en gants couleur beurre frais, et une femme coiffée en cheveux seraient tous deux ridicules.

VISITES DE FÉLICITATION

Si une personne de votre connaissance est élevée à un poste important, écrivez-lui de suite une lettre de félicitation ; mais faites-lui très-tardivement une visite pour ne pas avoir l'air d'un solliciteur.

Une visite prompte, au contraire, est indispensable, si quelqu'un de votre connaissance tombe en disgrâce; c'est une grande preuve de savoir-vivre, et on vous en sera très-reconnaissant.

DE L'ARRIVÉE & DU DÉPART

Quand vous faites une visite et que vous vous trouvez dans le salon avec quelques personnes, ne chuchottez jamais avec celle qui est assise auprès de vous; ce serait offenser la maîtresse de la maison ; mêlez-vous à la conversation générale.

Ne vous levez jamais pour prendre congé au milieu d'une conversation animée ou intéressante ; attendez qu'elle tombe un instant, et retirez-vous en vous faisant remarquer le moins possible.

Quand il arrive quelqu'un, ne vous levez pas du siége qui vous a été offert par la maîtresse de la maison, à moins que ce ne soit celui qui se trouve à côté d'elle ; elle seule doit faire les honneurs de son salon.

Une maîtresse de maison ne doit jamais donner le fauteuil qu'elle occupe, à moins que ce ne soit à une personne à laquelle elle doit un profond respect.

Si vous faites une visite et que vous trouviez la maîtresse de la maison en tête-à-tête avec une amie intime, vous devez rester très-peu de temps, à moins que d'autres personnes ne soient venues à leur tour.

CONVERSATION

On ne parle jamais de soi, mais on parle d'elle à la personne que l'on va visiter.

Au retour de la campagne, on doit des visites aux personnes avec lesquelles on désire rester en bonnes relations.

On doit également des visites d'adieu à ses amis avant de partir soit pour la campagne, soit pour un long voyage.

Quand vous arrivez à la campagne, vous devez une visite à ceux de vos voisins avec lesquels vous désirez conserver ou établir des relations, s'ils sont arrivés avant vous.

Vous devez attendre la visite de ceux qui sont arrivés après vous avant de leur en faire une.

Si vous arrivez dans une ville où vous désirez vous fixer, vous devez faire une visite, non-seulement à toutes les autorités de l'endroit, mais encore à toutes personnes de la bonne société; n'envoyer que des cartes serait une impertinence.

DES VÊTEMENTS QU'ON DOIT LAISSER A L'ANTICHAMBRE

Les hommes qui se présentent dans une maison pour y faire une visite, doivent laisser leur pardessus, ou paletot dans l'antichambre.

Ils entrent dans le salon en tenant leur chapeau à la main.

Il est d'aussi mauvais goût de laisser son chapeau

dans l'antichambre que d'entrer dans le salon avec son paletot.

On ne laisse son chapeau dans l'antichambre que pour un bal ou une soirée.

Les officiers qui font une visite, entrent dans le salon avec leur épée, et s'ils sont priés à dîner ou en soirée, ils saluent d'abord les maîtres de la maison avant de l'ôter.

Une dame laisse dans l'antichambre ses caoutchoucs et son parapluie, si elle est venue à pied.

SALUTS AUX MAITRES DE LA MAISON

Quand on entre dans le salon, s'il y a du monde, on s'incline tout d'abord, en signe de politesse générale, puis on s'approche de la maîtresse de la maison pour la saluer, et l'on ne s'assied sur le siége qu'elle vous a offert que lorsqu'elle s'est assise elle-même.

Un homme doit garder son chapeau à la main durant tout le temps qu'il fait sa visite.

Un homme ne doit pas attendre que la maîtresse de la maison lui offre un siége ou un fauteuil, il doit le prendre lui-même ; il ne doit pas trop approcher son siége de celui de la maîtresse de la maison, ni s'asseoir à côté d'elle, à moins qu'elle ne le convie.

Un homme doit se lever si une femme entre dans le salon pendant qu'il fait une visite.

Une femme ne se lève pas, elle s'incline seulement.

On ne doit pas se lever de son siége pour s'approcher du feu afin de se chauffer les pieds, souffrît-on même du froid.

Si on est en visite chez un grand personnage, tout le monde doit se lever s'il entre dans le salon quelqu'un de sa famille, fût-ce même un enfant.

Si la maîtresse de la maison ou l'un de ses visiteurs éternue, inclinez-vous en regardant cette personne.

Ne venez jamais faire une visite avec un enfant ou un chien.

Fussiez-vous un prince, ne souffrez jamais qu'une maîtresse de maison vous reconduise plus loin que la porte de son salon, si elle a des visiteurs chez elle.

VISITES DU JOUR DE L'AN

Au renouvellement de l'année, les visites sont de rigueur chez toutes les personnes avec lesquelles on désire conserver des relations.

Elles se font la veille du jour de l'an pour ses supérieurs et ses grands-parents.

Le jour de l'an, pour ses père, mère, oncles, tantes, frères et sœurs aînés.

On a toute la première semaine de l'année pour faire les visites à ses cousins, cousines et autres personnes qui vous sont alliées.

On a toute la première quinzaine pour faire visite à ses amis.

Enfin, on a tout le mois de janvier pour faire visite à ses simples connaissances.

Les visites de jour de l'an se font extrêmement courtes, de cinq à dix minutes seulement.

Excepté dans les visites de renouvellement d'année qui se font le jour de l'an même, c'est un manque de savoir-vivre qu'adresser des souhaits de bonne année, à moins que l'on soit extrêmement intime avec la personne que l'on va visiter.

Si on fait une visite de jour de l'an à un parent ou à un ami, et qu'on ne le rencontre pas chez lui, on ne lui laisse pas de carte, mais on lui fait exprimer ses regrets par son domestique ou son concierge, et, à moins d'empêchement, on revient dans la huitaine.

VISITES DE CÉRÉMONIE

Les visites dites *de cérémonie* se font à l'occasion de la nouvelle année, pour remercier d'une politesse quelconque, après un dîner, une invitation, un mariage, etc. Au retour de la campagne, au moment de son départ, quand vient la belle saison, ou enfin quand un événement important nécessite cette politesse.

Un homme ne doit pas faire une visite à une femme qui relève de couches, avant un mois révolu depuis la naissance de l'enfant.

Si vous faites une visite qui ne soit pas complétement de cérémonie et qu'au moment où vous vous levez la maîtresse de la maison insiste pour vous garder encore, asseyez-vous encore quelques instants, même si vous êtes pressé.

Si vous vous présentez pour faire une visite dans une maison où vous êtes intime, et qu'on vous dise que les maîtres de la maison sont absents, n'insistez jamais pour entrer, quand même vous sauriez qu'ils sont chez eux; mais attendez qu'ils vous fassent à leur tour une visite avant de vous présenter de nouveau chez eux.

VISITES CHEZ UN AMI MALADE

Si vous apprenez qu'un de vos amis est malade, vous lui devez une visite aussitôt, mais ne demandez pas à entrer près de lui si la personne qui le soigne ne vous en fait pas l'offre de sa part.

Vous enverrez savoir de ses nouvelles, mais vous ne retournerez pas le visiter avant qu'il ne vous fasse dire qu'il peut vous recevoir.

PRÉSENTATION

Si vous présentez quelqu'un à un maître ou à une maîtresse de maison, vous devez vous avancer avec celui ou celle que vous introduisez vers la personne à laquelle vous la présentez et dire, en vous inclinant : — « *Veuillez me permettre de vous présenter M. ou Mme* (on dit les noms et titres de la personne), *qui avait le plus vif désir de faire votre connaissance.* »

Si c'est un homme qui présente, il devra dire, au lieu de — *veuillez me permettre*, les mots suivants : *J'ai l'honneur de vous présenter, etc.*

Celui qui est le présenté, si c'est un homme, doit s'incliner respectueusement; si c'est une femme, saluer gracieusement, et répondre par une phrase aimable à l'accueil bienveillant qui leur sera fait par les maîtres de la maison.

Une dame présentée doit attendre la visite de la maîtresse de la maison où elle a été introduite avant d'y retourner.

Une invitation pour un dîner ou pour un bal peut remplacer la visite.

ATTITUDE GÉNÉRALE DU VISITEUR

Si, en rendant une visite, vous vous trouvez soit à la porte de l'appartement, soit à celle du salon avec plusieurs autres personnes, il faut éviter de faire ce qu'on appelle *des cérémonies* et entrer selon le rang que vous donne l'étiquette.

Ainsi les dames passent d'abord, les plus âgées les premières ; les demoiselles, ne fussent-elles même plus jeunes, doivent céder le pas aux veuves et aux femmes mariées.

Quant aux hommes, ils passent les derniers, par ordre d'âge.

Quand on apporte une lettre à la maîtresse de la maison chez laquelle vous êtes en visite et qu'elle la pose à côté d'elle sans l'ouvrir, priez-la de la lire. Si elle n'en fait rien, retirez-vous promptement, mais en cachant la raison qui vous fait agir.

C'est un manque total de savoir-vivre que d'ôter ses gants pendant que l'on fait une visite.

Ne regardez jamais avec curiosité les objets d'art et l'ameublement d'un salon où vous êtes en visite.

Quand on relève de maladie on doit une visite à toutes les personnes qui sont venues *elles-mêmes* savoir de vos nouvelles.

Si vous arrivez dans votre équipage pour faire une

visite, vous envoyez le valet de pied chez le concierge savoir si la personne se trouve chez elle. Si vous arrivez en voiture de louage, vous devez descendre et aller faire vous-même cette question.

CHAPITRE II

DES VISITES DE CONDOLÉANCE

A QUI L'ON DOIT CES VISITES

TOILETTES D'USAGE — ATTITUDE ET CONVERSATION

DURÉE DE CES VISITES

A QUI L'ON DOIT CES VISITES

On doit une visite de condoléance aux personnes qui vous ont fait part de la mort de quelqu'un qui les touche de près, et vous ont convié au service funèbre.

On ne fait pas de visite de condoléance quand on est en grand deuil.

On ne conduit pas d'enfants avec soi quand on fait une visite de condoléance.

TOILETTES D'USAGE

Une toilette sinon noire, au moins de couleur foncée, est de rigueur pour une visite de condoléance.

Les hommes font cette visite en redingote, avec des gants de couleur sombre.

ATTITUDE ET CONVERSATION

On aborde en silence la personne à laquelle on va faire une visite de condoléance. Si c'est un homme, les hommes l'embrassent et les femmes lui serrent la main. Si c'est une femme, les hommes lui serrent la main et les femmes l'embrassent.

On ne demande pas des nouvelles de sa santé à une personne à laquelle on va faire une visite de condoléance.

On attend avant de parler du mort que la personne à laquelle on fait visite aborde ce triste sujet; si elle ne le fait pas, on l'imite.

On s'abstient de parler de toutes choses gaies pendant une visite de condoléance, et on ne parle jamais de soi ni des siens.

Quand le grand deuil que l'on porte soi-même empêche de faire une visite de condoléance, on écrit une lettre pleine d'affectueux regrets. Ces lettres ne s'envoient pas par la poste, on les fait porter chez la personne qu'on ne peut visiter.

Les visites de condoléance se font chez les amis intimes le jour même de l'enterrement.

Chez des amis moins intimes, on attend une quinzaine.

DURÉE DE CES VISITES

Une visite de condoléance doit toujours être très-courte.

CHAPITRE III

RÉCEPTIONS DU MATIN

PRENDRE UN JOUR — PIÈCE DE RÉCEPTION — PRÉSENTATION — ENTRÉE DES DAMES OU DES MESSIEURS — PLACES RESERVÉES AUX MAITRES DE LA MAISON — PLACES D'HONNEUR — CONVERSATION — DISCUSSION — DE LA MÉDISANCE.

PRENDRE UN JOUR

Il est un usage adopté par tout le monde aujourd'hui, quoiqu'il soit contraire à la politesse, c'est celui de prendre *un jour* pour recevoir les visites.

Ce jour pris, vous ne devez sortir de chez vous sous aucun prétexte, car vous appartenez à vos amis et connaissances.

PIÈCE DE RÉCEPTION

On ne laisse pas de housses sur les meubles le jour de sa réception.

On ne doit jamais recevoir dans sa chambre à coucher, au jour choisi pour ses réceptions.

Si on est malade, on défend sa porte en faisant dire la raison, et on ne reçoit personne ce jour-là; pas même ses amis les plus intimes, car ce serait offenser les personnes qui n'auraient pas été admises.

La maîtresse de maison qui se met en grande toilette le jour de sa réception manque de savoir-vivre.

Un homme qui a pris un jour ne doit pas recevoir ce jour-là dans son cabinet, à moins qu'il n'ait pas de salon, ou que les visites qui lui sont faites soient des visites d'affaires.

Un artiste peut recevoir dans son atelier, non-seulement tous les jours, mais même s'il en a choisi un.

PRÉSENTATION

Il n'est plus d'usage de faire annoncer à haute voix les visiteurs par ses domestiques. On a pris en échange l'usage anglais, qui consiste à présenter soi-même les visiteurs les uns aux autres.

ENTRÉE DES DAMES OU DES MESSIEURS

Quand une dame entre dans le salon, la maîtresse de la maison se lève, s'incline, et du geste indique à la visiteuse le fauteuil qu'elle doit prendre. Elle ne se rassied que quand la visiteuse est elle-même assise.

Quand le maître de la maison se trouve là, il doit s'avancer vers la dame, la prendre par la main et la conduire au fauteuil qui lui est destiné.

Si la visite est celle d'un homme, la maîtresse de la

maison ne se lève pas, elle fait seulement de la tête un petit signe gracieux, et indique du geste une chaise.

Si cependant ce visiteur est un grand personnage, un vieillard ou un prêtre, on doit agir comme avec une dame.

Si plusieurs personnes entrent dans le salon à la fois, c'est à celle qui est le plus haut placée dans le monde, ou à la plus âgée, que l'on doit sa première politesse, et ainsi de suite.

PLACES RÉSERVÉES AUX MAITRES DE LA MAISON

Une maîtresse de maison doit prendre le fauteuil placé à la droite de la cheminée et ne donner sa place à personne, à moins qu'elle ne reçoive un grand personnage ou un grand parent auquel elle doive un profond respect.

Une maîtresse de maison assise soit sur un canapé, soit sur une causeuse, ne doit donner qu'à une dame la place qui reste libre auprès d'elle.

Quand la personne qui rend visite est assise, le maître ou la maîtresse de la maison la présentent aux autres visiteurs, en s'inclinant légèrement avec un gracieux sourire et en disant :

Monsieur ou Madame *un tel*.

Alors tout le monde s'incline en regardant le visiteur, qui s'incline de son côté, et aussitôt le maître ou la maîtresse de la maison lui adresse la parole pour faire cesser l'embarras que sa présentation a pu lui causer.

Les personnes qui n'ont pas de salon ne doivent pas prendre *un jour*, ce serait se donner un ridicule.

PLACES D'HONNEUR

Les places d'honneur sont celles qui se rapprochent le plus de la maîtresse de la maison.

Le côté gauche de la cheminée ne doit être donné qu'à une dame âgée, à moins que le maître de la maison ne l'occupe lui-même ; c'est sa place s'il reste dans le salon.

Un maître de maison peut offrir sa place à une dame, jamais à un autre homme, à moins que ce ne soit à son supérieur ou à un prêtre.

Quand une dame se lève pour se retirer, le maître et la maîtresse de la maison se lèvent aussi, et le premier l'accompagne jusque dans l'antichambre.

Si la maîtresse de la maison est seule, elle doit l'accompagner jusqu'à la porte de son salon, pas plus loin ; mais si elle a avec elle d'autres visiteurs, elle se contente de se lever, de saluer, et ne se rassied que quand la dame a passé la porte.

Une maîtresse de maison ne doit jamais dire à un homme qui lui fait visite de se débarrasser de son chapeau.

CONVERSATION

Une maîtresse de maison doit chercher à rendre la conversation générale entre tous les visiteurs.

Elle ne doit jamais faire des *aparté* avec la personne placée à côté d'elle.

DISCUSSION

Une maîtresse de maison ne doit laisser s'établir chez elle ni une conversation politique, ni une conversation religieuse. Il faut détourner totalement la conversation et la ramener à des sujets moins sérieux.

Quand une personne se lève pour s'en aller, on ne doit pas chercher à la retenir. On se contente de lui exprimer par un *déjà!* que sa visite a paru courte.

Si au contraire un visiteur tarde trop à s'en aller, il faut éviter de lui faire voir la contrariété qu'on peut éprouver. C'est en ces sortes de choses que consiste le savoir-vivre.

Si on reçoit des personnes dont la condition est modeste, il faut chercher à éviter que les autres visiteurs parlent devant elles, des modes ou des plaisirs du monde, et s'efforcer de donner un ton grave à la conversation.

Au moment où un visiteur se lève, la maîtresse de la maison doit sonner pour qu'un domestique se trouve à la porte du salon pour reconduire.

Il faut éviter de faire trop chauffer un salon dans lequel on doit recevoir.

Il ne faut jamais garder ses enfants avec soi le jour où l'on reçoit. Ils fatigueraient le visiteur.

Une maîtresse de maison ne doit jamais avoir à la main un canevas ou autre ouvrage au jour fixé pour ses réceptions.

Quand on reçoit à jour fixe, dans la soirée, on doit faire servir un thé à onze heures et offrir jusque-là des verres d'eau sucrée.

On n'offre rien dans les visites de jour, si ce n'est dans celles qui sont faites après le jour de l'an ou après un baptême; alors il est d'usage de mettre des bonbons dans une jolie coupe et de faire circuler ces bonbons parmi ses visiteurs.

DE LA MÉDISANCE

Une maîtresse de maison manque au savoir-vivre quand elle laisse ses visiteurs se moquer ou médire d'une personne qui vient de se retirer. Si on commençait une conversation de ce genre, elle doit, par quelques paroles gracieusement dites, mais claires, faire sentir que c'est elle que l'on blesse en parlant ainsi.

CHAPITRE IV

DES DINERS ET AUTRES REPAS

INVITATION PAR LETTRE OU PAR VISITE — A QUI ON OFFRE LE BRAS — DÉSIGNATION DES PLACES — ETIQUETTE — PLACES D'HONNEUR — DU SERVICE — CONVERSATION GÉNÉRALE — SUJETS A ÉVITER — DÉJEUNERS — SOUPERS — RÉVEILLON — SERVICE — METS ET VINS — DES INVITATIONS — OBSERVATIONS GÉNÉRALES — UN AXIOME DE BRILLAT-SAVARIN.

INVITATION PAR LETTRE OU PAR VISITE

Quand on invite du monde à dîner, les invitations doivent être envoyées au moins huit jours à l'avance.

On n'invite par écrit que ses inférieurs et ses égaux; mais on doit une visite à un supérieur ou à toute personne à qui on doit le respect.

Si, par un refus, il reste une place inoccupée, vous ne devez inviter qu'une personne avec laquelle vous êtes en grande intimité, à moins que vous n'ayez encore devant vous la huitaine de rigueur avant le jour de votre dîner.

A QUI ON OFFRE LE BRAS

Quand le domestique annonce que *vous êtes servi*, la maîtresse de la maison offre elle-même la main à l'homme le plus haut placé, ou le plus âgé de la société, pour le prier de la conduire à table.

Ce serait tout-à-fait manquer aux convenances, si un homme se permettait d'offrir de lui-même sa main à la maîtresse de maison.

Le maître de la maison offre à son tour son bras à la femme à laquelle il doit le plus de respect, à cause de son rang ou de son âge.

Le maître de la maison passe toujours le premier, ses convives le suivent, puis la maîtresse de la maison vient la dernière.

C'est tout le contraire pour le retour de la salle à manger au salon; c'est alors la maîtresse de la maison qui ouvre la marche et le maître de la maison qui la ferme.

DÉSIGNATION DES PLACES

Les places de chaque convive ont dû être désignées par des cartes, et on se place à l'endroit qui vous est indiqué en restant debout jusqu'à ce que la maîtresse de la maison ait fait le geste qui engage à s'asseoir.

Le maître et la maîtresse de la maison sont toujours à table vis-à-vis l'un de l'autre.

ÉTIQUETTE

Si la maîtresse de la maison est veuve, elle doit mettre en face d'elle soit son père, son oncle, un vieux parent ou un vieil ami; mais dans aucun cas elle ne peut donner cette place à un jeune homme, à moins que ce jeune homme ne soit son fils.

De même si l'amphytrion est un homme veuf, il place en face de lui sa mère, une vieille parente ou une vieille amie; mais y placer une jeune femme serait faire une insulte à ses convives.

PLACES D'HONNEUR

La place d'honneur à côté du maître et de la maîtresse de la maison, c'est-à-dire la droite, doit être donnée à la personne la plus notable ou la plus âgée de la société.

La gauche s'offre aux personnes qui viennent ensuite et comme rang et comme âge.

Une dame est placée à côté du maître de la maison, un homme à côté de la maîtresse.

Après ces quatre places, les meilleures à offrir sont celles des bouts de table opposés à la porte par où se fait le service.

Un grand art chez une maîtresse de maison consiste à placer avec tact ses convives autour de sa table, c'est-à-dire savoir assortir les positions, les sympathies et les âges.

Tous les convives doivent être égaux aux yeux des maîtres de la maison, et montrer une préférence pour l'un d'eux, en dehors des usages reçus, serait insulter les autres.

DU SERVICE

Les maîtres d'une maison ne doivent jamais louer les mets qu'ils font servir à leurs convives, ni s'excuser sur leur médiocre qualité, si par malheur ils sont mauvais.

On ne doit jamais non plus insister pour inviter les convives à prendre de tel ou tel plat, il faut le faire avec amabilité et sans persistance.

Offrez toujours à vos convives les mets aussi bien choisis et aussi délicats que peut vous le permettre votre fortune; c'est-à-dire ne donnez pas vos dîners selon la position des personnes que vous invitez, mais surtout selon la vôtre.

C'est la maîtresse de la maison qui doit faire les honneurs du dessert; elle choisit les fruits, les offre et ainsi de suite.

Quand on fait servir du vin de champagne frappé au premier service, il faut en faire offrir également tout le temps du dîner.

CONVERSATION GÉNÉRALE

Ne laissez jamais s'établir à votre table une conversation qui pourrait blesser l'un de vos convives, car il est votre hôte, et qui l'offense vous blesse du même coup.

SUJETS A CITER

Ne laissez jamais non plus établir une conversation sur la politique, sur la religion, enfin sur un terrain glissant. Ce serait un tort réel.

C'est d'ailleurs aux maîtres de la maison qu'il appartient de diriger la conversation générale de leur table.

DÉJEUNERS

Jamais ni un déjeuner, ni un souper, ni un réveillon ne peuvent être des repas de cérémonie. Aussi n'est-il pas d'usage d'y inviter soit un supérieur, soit une personne avec laquelle on est tenu au respect.

Le déjeuner seul peut, à l'occasion, cependant, rentrer dans le cérémonial du dîner; c'est quand il suit soit un mariage, soit un baptême.

Le thé, le café et le chocolat doivent toujours figurer dans un déjeuner bien entendu. C'est la maîtresse de maison qui fait les honneurs.

On ne sert jamais ni de vin de champagne, ni de vins étrangers à un déjeuner; à un souper, au contraire, le premier luxe est la recherche des vins.

SOUPERS

Un souper comporte moins de plats que le dîner, et ne permet jamais ni potage ni salade, à moins que ce ne soit une salade vénitienne.

Les soupers se composent presque toujours de pièces froides, surtout si c'est un souper qui suit un bal ou une grande soirée.

RÉVEILLONS

Pour un réveillon, on n'invite que sa famille ou ses intimes. Le couvert doit être mis avec la nappe, comme pour le dîner; seulement ce ne sont que les couteaux, couverts et assiettes de dessert qui y figurent; de même qu'au lieu de grandes serviettes de table, ce sont les petites serviettes à thé que l'on place devant chaque convive.

SERVICE

A un réveillon, selon les règles, on place dans le milieu de la table une soupière remplie de bouillie à la vanille, c'est le mets obligé.

A un déjeuner, à un souper ou à un réveillon, il faut, comme pour un dîner, offrir les places d'honneur aux vieillards, aux étrangers, etc.

METS & VINS

On n'offre à un réveillon que du vin de Bordeaux: tous autres vins en sont exclus.

Quand la bouillie à la vanille a été servie à tout le

monde, on enlève la soupière et on la remplace soit par une corbeille de fleurs, soit par un gâteau monté, soit par une tarte, selon l'élégance que vous avez mise à votre réveillon.

DES INVITATIONS

On n'invite jamais par lettre écrite ni à un déjeuner, ni à un souper, ni à un réveillon ; cette invitation doit être faite verbalement dans une visite.

L'invitation peut être faite dans la semaine qui précède le repas, même seulement deux ou trois jours avant.

Avant de faire leurs invitations, les maîtres de la maison doivent calculer le nombre de personnes qui peuvent facilement tenir autour de leur table, car il est contraire à l'étiquette soit de trop rapprocher, soit de trop distancer ses convives.

OBSERVATIONS GÉNÉRALES

Ne vous mettez jamais dans le cas d'être treize à votre table, ce qui pourrait froisser un ou plusieurs de vos convives.

Un dîner de cérémonie doit toujours être servi par des domestiques mâles, en habit noir et en gants blancs. La livrée n'est pas reçue en ce cas-là.

Ni le maître ni la maîtresse de la maison ne doivent parler à leurs domestiques pendant un dîner de cérémonie, quand même ils commettraient les plus grosses maladresses. Ce serait manquer à ses convives.

Quand vous allez faire une visite à quelqu'un pour lui faire une invitation à dîner, si cette personne a chez elle à demeure, soit un parent, soit un ami, vous devez comprendre cet ami ou ce parent dans votre invitation, ou remettre cette invitation à une autre fois ; sans cela, vous offenseriez non-seulement cet étranger, mais encore la personne que vous alliez inviter.

Ce n'est qu'après un dîner tout-à-fait intimeque le maître de la maison peut se permettre de rester avec les hommes dans la salle à manger pour fumer, pendant que les dames passent au salon, et encore doit-il d'abord offrir son bras à la dame qui est à sa droite pour la conduire au salon avant de venir rejoindre les fumeurs.

C'est toujours le bras gauche que les hommes doivent offrir aux dames. Les militaires seuls peuvent offrir le bras droit, parce qu'ils portent à gauche leur épée.

UN AXIOME DE BRILLAT-SAVARIN

Enfin un bon maître et une bonne maîtresse de maison doivent mettre en pratique cet axiôme de Brillat-Savarin :

« Convier quelqu'un à dîner, a-t-il dit, c'est se charger de son bonheur pendant tout le temps qu'il est sous votre toit.

CHAPITRE V

CONSEILS AUX INVITÉS

HEURE DE L'ARRIVÉE — ÉTIQUETTE POUR SE RENDRE DANS LA SALLE A MANGER — COMMENT ON SE PLACE ET ON S'ASSIED — LA SERVIETTE — NE PAS GÊNER SES VOISINS — NE POINT COUPER SON PAIN — CONDUITE GÉNÉRALE — APARTÉS ET CONVERSATIONS — TOASTS — DES VOISINS ET VOISINES — DE LA SOIRÉE QUI SUIT LE DINER — VISITES DE DIGESTION.

HEURE DE L'ARRIVÉE

Il est indispensable d'arriver exactement dans la maison où l'on doit dîner, à l'heure fixée sur l'invitation. Arriver avant ou après sont également une impolitesse.

ÉTIQUETTE POUR SE RENDRE DANS LA SALLE A MANGER

Un homme ne doit jamais se permettre d'offrir son bras à la maîtresse de la maison. C'est à elle à choisir son cavalier.

Un homme ne doit offrir son bras à une dame que quand le maître de la maison a choisi la dame qu'il doit conduire à table.

Une dame ne doit jamais refuser le bras qui lui est offert par un monsieur pour en choisir un autre, car ce serait lui faire une insulte grave.

Une dame conduite par le maître de la maison ne doit pas s'arrêter pour laisser passer quelqu'un devant elle.

Un homme donnant le bras à une dame ne doit pas non plus s'arrêter pour laisser passer quelqu'un devant lui, surtout si la dame qu'il conduit est une dame âgée.

Si une dame âgée se trouvait en arrière, ce n'est pas au cavalier qu'il appartient de s'arrêter pour la laisser passer, mais la dame qu'il conduit doit prendre cette initiative.

COMMENT ON SE PLACE & ON S'ASSIED

Si les cartes indiquant les places ne se trouvent pas sur les couverts, les convives, avant de s'approcher de la table, doivent attendre que le maître de la maison leur ait indiqué où ils doivent se mettre.

On se place alors derrière la chaise qui vous est désignée, et on attend que la maîtresse de la maison ait donné le signe de s'asseoir en s'asseyant elle-même.

Un homme doit attendre que toutes les dames soient assises avant de s'asseoir.

Un homme ne doit pas déployer sa serviette avant que les dames qui sont à ses côtés aient déployé les leurs.

LA SERVIETTE

On ne déploie jamais entièrement sa serviette et on la laisse sur ses genoux.

Il ne faut s'asseoir ni trop loin ni trop près de la table, ce qui donne un air gauche et disgracieux.

NE PAS GÊNER SES VOISINS

Il faut éviter de gêner ses voisins, surtout si l'espace est un peu restreint.

Les dames doivent prendre soin que l'ampleur de leurs jupes n'empiète pas sur les places de leurs voisins, ce qui serait une inconvenance.

On ne doit pas s'appuyer sur le dossier de sa chaise. Il faut se tenir droit tout le temps qu'on est à table.

NE POINT COUPER SON PAIN

On casse son pain, on ne le coupe jamais, et on le casse au-dessus de son assiette.

CONDUITE GÉNÉRALE

Si la maîtresse de la maison vous envoie une assiette toute servie, acceptez-la sans chercher à la faire passer à une autre personne, car ce serait faire une offense à la maîtresse de la maison.

On ne doit jamais faire d'observations sur le mets qui vous est servi.

Si le mets servi n'est pas à votre goût, vous en mangerez peu et laisserez le reste sans rien dire; vous agirez de même si vous êtes servi trop copieusement

Il ne faut manger ni trop vite ni trop lentement, les deux excès sont également inconvenants.

On mange de la main gauche, en se servant de la main droite pour couper; on évite ainsi un petit manége de fourchette qui serait fort disgracieux.

Un homme doit s'occuper à table des dames qui sont à ses côtés; mais le faire avec courtosie, sans affectation.

Une dame ne doit jamais verser à boire aux hommes placés à côté d'elle.

Si on a quelque chose à demander à un domestique, on ne doit pas l'appeler, mais profiter du moment où il regarde de votre côté pour lui faire un petit signe.

On ne dit pas *merci* aux domestiques qui vous présentent les plats, car ce n'est pas vous, mais leur maître qu'ils servent en vous servant.

Evitez de faire aucun bruit sur votre assiette avec votre couteau et votre fourchette.

Les personnes qui font naturellement du bruit avec leurs mâchoires doivent aussi s'observer beaucoup à cet égard quand elles vont dîner en ville.

Si un homme offre quelque chose à sa voisine, il ne doit pas lui dire : *Madame, voulez-vous telle chose?* mais : *Me permettrez-vous, madame, de vous offrir telle chose?* car la première formule est réservée aux domestiques.

Il est contraire au savoir-vivre d'essuyer la sauce qui est sur son assiette ou de toucher les os avec ses doigts.

Quand on a fini de manger, on laisse son couteau et sa fourchette sur son assiette. Mais si dans la maison où l'on se trouve il n'est pas d'usage de les faire changer à chaque plat, l'invité les place à sa droite sur le porte-couteau, qui est destiné à les recevoir et à préserver la nappe.

APARTÉS & CONVERSATION

Si vous causez avec vos voisins de table, faites-le à voix basse, en évitant toute gesticulation, surtout si vous tenez à la main ou votre couteau ou votre fourchette.

Si vous parlez à des personnes qui sont un peu éloignées de vous, faites-le sans éclat de voix.

Arrangez-vous de façon à ne pas remuer vos pieds sous la table, ce qui peut gêner vos voisins et surtout vos voisines.

Si la conversation est générale et que vous y preniez part, ne parlez pas plus haut que les autres ; mais ne parlez pas à voix basse non plus, car il faut que tout le monde puisse vous entendre, et dans ce cas un *aparté* avec vos voisins serait de mauvais goût.

Ne parlez jamais d'un autre dîner auquel vous avez assisté, en citant avec éloge des plats qui ne se trouveraient pas au dîner où vous figurez en ce moment.

Si vous voulez raconter quelque chose, attendez, avant de le faire, d'en avoir été prié par le maître ou la maîtresse de la maison.

Si les conversations sont particulières, un homme doit causer tour à tour avec l'une et l'autre de ses voisines. Agir autrement serait commettre une grande inconvenance.

Évitez avec soin, soit dans la conversation générale, soit dans une conversation particulière, d'amener un sujet qui puisse conduire à une discussion politique ou religieuse.

Un homme qui a une jeune fille placée à côté de lui, ne doit lui parler que de banalités et causer fort peu avec elle.

Si une dame a accepté de dîner en ville un jour maigre et qu'elle ne veuille pas faire gras, elle doit, sans affectation, ne manger que des choses qui sont permises en pareil cas, en évitant que personne s'aperçoive qu'elle agit ainsi, sans quoi elle commettrait une impertinence envers les maîtres de la maison, à qui elle aurait l'air de prouver qu'ils ne remplissent pas leurs devoirs religieux.

Si c'est le maître ou la maîtresse de la maison qui vous offrent d'un plat, vous ne pouvez pas refuser, mais vous ne devez pas non plus désigner le morceau que vous préférez; il faut accepter ce qu'on vous donne.

Ne demandez jamais une seconde fois d'un plat si cela ne vous a pas été offert.

Si ce qui est servi sur votre assiette est trop chaud, ne soufflez pas dessus, mais attendez, avant de manger, que ce soit un peu refroidi.

A moins que ce ne soit dans un déjeuner et pour

manger avec du thé, ou du chocolat, ou du café, n'étendez jamais de beurre ou tout autre hors-d'œuvre sur votre pain.

On ne doit prendre du sel qu'avec la petite cuiller qui est posée sur la salière à cet effet.

Quant un plat vous est présenté pour que vous vous serviez, faites-le avec discrétion.

Ne critiquez jamais un mets qui vous est servi, fut-il détestable.

Servez-vous avec la cuiller ou la fourchette qui sont dans le plat, et ne vous permettez jamais de vous servir des vôtres.

Les personnes qui, au dessert, prennent des bonbons ou des gâteaux et les glissent adroitement dans leurs poches, méritent le plus sévère de tous les blâmes; car c'est non-seulement manquer de savoir-vivre, mais encore faire preuve d'indélicatesse.

On se sert du couteau à lame d'argent pour couper les fruits.

On les coupe par quartiers et on les pèle de bas en haut, non en rond comme au village.

Un homme ne doit pas offrir à sa voisine de partager un fruit avec lui.

Une dame, si elle n'est pas jeune, peut faire cette proposition à l'une de ses voisines, mais si elle est jeune elle doit s'en abstenir.

Si un homme boit par mégarde dans le verre d'une dame placée à côté de lui, bien loin d'en rire et d'en faire des plaisanteries déplacées, il doit s'en excuser respectueusement et faire aussitôt changer le verre.

Si l'on est pris à table soit d'un hoquet, soit d'un saignement de nez, il faut se lever doucement, reculer sa chaise sans bruit, enfin éviter tout dérangement pour les autres personnes ; puis se retirer un moment dans une autre pièce et ne revenir à table que quand l'accident est entièrement terminé.

Il est du plus mauvais goût de *flairer* le vin qu'on vous a servi.

Si, sur la prière du maître de la maison un convive a amené avec lui son domestique pour aider au service, il est interdit à ce convive de rien ordonner à ce domestique, ni même de le réprimander, car il n'est plus à son service en ce moment mais à celui de son amphytrion.

Si la conversation est générale, si le sujet qui y est traité prête à rire, partagez la gaîté de tous sans rire aux éclats.

TOASTS

Dans quelques maisons, on porte des toasts ; mais ce n'est jamais à un convive à en prendre l'initiative; c'est au maître de la maison seul que ce droit appartient.

Au dessert seulement, quand on boit du vin de champagne, il faut chercher à rencontrer le regard de la maîtresse de la maison, alors, en s'inclinant, on soulève un peu son verre avant de le porter à ses lèvres, manière de lui dire qu'on va boire à sa santé.

Si le maître de la maison porte un toast, tout le monde soulève son verre et fait une légère inclination avant de boire.

Si on porte un toast à un homme, il doit se lever et saluer celui qui lui a fait cette politesse.

Si c'est à une dame que ce toast s'adresse, elle ne se lève pas, mais s'incline seulement.

Quant le toast est porté par le maître ou la maîtresse de la maison, tous les convives s'inclinent pour saluer la personne qui en est l'objet.

Les hommes doivent alors vider entièrement leur verre.

Les femmes peuvent se contenter d'y tremper les lèvres.

DES VOISINS & VOISINES

On n'interpelle jamais une personne d'un bout de la table à l'autre.

Si on parle d'une personne qui se trouve à table avec soi, on s'incline légèrement en la regardant avant de prononcer son nom.

Un homme qui se trouve placé à table à côté d'un prêtre ou d'un vieillard, leur doit les mêmes égards et les mêmes soins qu'à une dame.

Si on cause à voix basse avec ses voisins, il faut éviter de rire, ce qui pourrait porter ombrage à quelqu'un des convives.

Les dames ne doivent pas se poser *en petites mangeuses;* car c'est une impolitesse à faire à une maîtresse de maison.

On ne se lève pas de table à moins que le maître ou la maîtresse de la maison n'aient donné le signal.

En se levant de table, on dépose sa serviette sur la table à côté de son assiette et non sur sa chaise.

Un homme offre son bras gauche à sa voisine de droite pour la conduire au salon.

Si une dame a déjà accepté le bras de son voisin de gauche, elle doit s'incliner légèrement pour s'excuser, sans rien dire.

On rentre dans le salon avec l'étiquette qui a présidé à la sortie.

DE LA SOIRÉE QUI SUIT LE DINER

On doit une partie de sa soirée à la maison dans laquelle on a dîné.

Quitter la maison moins de deux heures après le dîner, c'est manquer de savoir-vivre.

VISITE DE DIGESTION

Dans la huitaine qui suit le dîner auquel on a assisté, on doit faire une visite à son amphytrion ; le délai de rigueur est de quinze jours.

Dans cette visite on doit louer le dîner et dire des choses aimables sur les convives avec lesquels on s'est rencontré.

Dans le mois qui suit un dîner accepté, on doit rendre un dîner à peu près semblable.

Les dames veuves, sans fortune, les demoiselles, quel que soit leur âge, et les célibataires sont seuls affranchis de ce devoir.

Quand on tire les rois et qu'on a eu la fêve, on doit à dîner à toutes les personnes qui étaient à table avec soi, si on est en position de le faire ; sinon, dans la huitaine, on envoie un bouquet ou un sac de bonbons à la dame qu'on a choisie pour reine.

CHAPITRE VI

DES SOIRÉES EN GÉNÉRAL

INVITATIONS — CARTES D'ACCEPTATION ET DE REMERCIEMENT — DAMES SEULES — DANSE — INVITATIONS — ATTITUDE GÉNÉRALE — SOUPERS — CONCERTS — CONDUITE A TENIR A L'ÉGARD DES ARTISTES — TABLES DE JEU — DETTES DE JEU — GALERIE — PETITS JEUX ET CHARADES — COMÉDIE DE SCOIÉTÉ — BILLETS DE LOTERIE.

INVITATIONS

Quand on donne une grande soirée parée, on envoie soit des cartes, soit des lettres d'invitation aux personnes qu'on désire recevoir, au moins une quinzaine de jours à l'avance.

On ne doit pas inviter un ecclésiastique, non seulement à un bal, mais encore à toute autre réunion où les femmes doivent être décolletées.

CARTES D'ACCEPTATION & DE REMERCIEMENT

Les personnes qui reçoivent ces invitations doivent envoyer leurs cartes chez la maîtresse de la maison qui les a priées, qu'elles acceptent ou qu'elles refusent cette invitation.

Si elles ont assisté à la fête, elles doivent encore

envoyer leurs cartes dans la huitaine qui suit cette soirée. Si elles n'y assistent pas, ce dernier envoi de cartes est inutile.

Il ne faut pas arriver trop tôt dans une maison où l'on est prié de passer la soirée, car en agissant ainsi on peut gêner les personnes qui donnent la fête.

Il ne faut pas arriver trop tard non plus, car c'est montrer une grande prétention en croyant produire de l'effet.

Quand les dames vont le même soir dans plusieurs soirées, elles doivent rester très-peu de temps dans chacune d'elles, terminer par la plus importante, et assortir leur toilette aux maisons où elles doivent se montrer.

DAMES SEULES

Les jeunes femmes ne doivent jamais aller seules soit au bal, soit dans une autre grande soirée privée; il faut toujours qu'elles soient accompagnées, sinon par leur mari, au moins par leur mère ou une dame âgée assez bien posée dans le monde pour leur servir de chaperon.

Deux jeunes femmes, à moins qu'elles ne soient sœurs et que le mari de l'une d'elles ne les accompagne, s'abstiendront d'aller seules, soit à un bal, soit à toute autre réunion privée. Cependant il y a exception si cette réunion a lieu dans une maison où elles sont sur le pied de grande intimité; elles devront alors arriver avant tout le monde.

DANSE

Tant que les danses ne sont pas commencées, une maîtresse de maison doit se tenir à la porte du salon, et recevoir ses invités.

Une maîtresse de maison qui donne un bal doit porter une toilette très-simple.

Une maîtresse de maison doit refuser de danser tant que quelques-unes de ses invitées restent sur leur banquette faute de danseurs.

Un homme, à moins d'une raison sérieuse, ne doit jamais refuser à la maîtresse de la maison d'inviter une dame qui reste à sa place faute de danseur.

INVITATIONS

Il n'est pas poli d'inviter une dame à danser au moment où l'orchestre commence à se faire entendre.

Une dame qui a refusé un danseur, sous prétexte qu'elle était fatiguée, ne doit plus danser de la soirée.

Un cavalier ne doit pas passer le bras autour de la taille de sa danseuse, avant le moment où il commence à valser ou à polker avec elle.

Une dame qui, par étourderie, a accepté deux invitations pour la même danse, doit refuser l'un et l'autre de ses cavaliers, et rester assise pendant tout le temps que dure cette danse.

Il est très-malséant à l'un ou à l'autre de ces cavaliers de chercher à la faire changer de résolution.

Lorsqu'un danseur invite une dame et qu'il est refusé, ce serait commettre une impertinence que d'inviter une des dames voisines qui aurait pu connaître ce refus, à moins que cette dame ne soit assez de sa connaissance, et qu'il puisse s'excuser avec gaîté.

Une jeune fille qui ne danse pas doit rester assise près de sa mère, ou de la personne chargée de lui servir de chaperon.

ATTITUDE GÉNÉRALE

Une dame ne doit jamais confier son bouquet, son éventail ou son mouchoir à un homme pendant qu'elle danse, à moins que cet homme ne soit son mari, son frère, ou un proche parent.

Aussitôt que la danseuse s'arrête dans une valse, polka, etc., son cavalier doit aussitôt détacher le bras qu'il a passé autour de sa taille.

Quand une dame qui danse témoigne le désir de s'asseoir, c'est une faute à son cavalier d'insister pour la faire danser encore ; on doit seulement, tout en la reconduisant à sa place, lui exprimer son regret de la voir cesser sitôt, rien de plus.

Un homme qui danse mal, ou peu en mesure, ne doit jamais inviter que des dames qui le connaissent.

Un homme qui se serait assis à la place d'une dame

qui danse, doit se lever à la dernière mesure de l'orchestre, et ne pas attendre qu'on vienne réclamer cette place.

Si la maîtresse de la maison, où se donne le bal, danse, et si elle a des filles qui dansent aussi, c'est à ces dames qu'un homme doit adresser sa première invitation. Si elles refusent sans fixer elles-mêmes le rang qu'elles peuvent donner parmi leurs nombreuses invitations, on ne doit pas insister, mais se présenter à elles plusieurs fois dans la soirée, pour renouveler son invitation première.

Les jeunes gens qui affectent de ne pas danser sont des sots ou des impertinents.

Une jeune femme peut pénétrer dans le salon où l'on joue, mais ne doit jamais y prendre place.

Un homme ne doit jamais offrir son bras à une jeune fille pour la conduire soit au buffet, soit à travers les salons.

Un homme ne peut offrir le bras à une très-jeune femme que si cette dame est de sa connaissance, et qu'il soit reçu chez elle.

On ne doit pas ôter ses gants pour prendre les rafraîchissements qui circulent pendant la soirée; on doit les ôter, au contraire, si l'on mange, soit au buffet, soit au souper.

CONCERTS

Si la soirée à laquelle on est convié se trouve être un concert et que l'on ait assez de talent pour être prié d'en faire partie comme acteur, on doit accepter si on désire se rendre à cette invitation; sans cela, si on refuse soit de chanter, soit de jouer du piano, du violon, etc., on doit rester chez soi.

Si on est prié d'accompagner sur le piano un chanteur ou une chanteuse, on doit le faire simplement et non chercher à faire briller son talent.

Un homme ne doit jamais se poser derrière le piano pour tourner les feuillets de la musique d'une dame qui chante en s'accompagnant, à moins qu'il ne soit artiste ou qu'il n'en ait été prié par la chanteuse.

CONDUITE A TENIR A L'ÉGARD DES ARTISTES

Les maîtres de maison qui donnent des concerts doivent recevoir les artistes, quand même ils doivent les payer, avec la même grâce que s'ils étaient leurs invités; agir autrement dénote un manque absolu d'éducation.

Les toilettes de concert sont les mêmes que celles qu'on fait pour un dîner prié ou pour une petite soirée.

Un concert public, quelque brillant qu'il soit, exige toujours un chapeau ou un bonnet pour les dames; les très-jeunes filles seules peuvent se permettre de s'y montrer en cheveux.

Pendant que les musiciens se font entendre, on ne doit pas entrer dans le salon où se donne le concert, si on arrive un peu tard, car ce serait manquer d'égards et pour les artistes et pour les maîtres de la maison.

De même que c'est offenser une maîtresse de maison que de parler ou de faire du bruit dans le salon pendant qu'elle y fait entendre de la musique.

Battre la mesure et fredonner les airs qui se chantent prouvent aussi peu de savoir-vivre.

Quand vous avez consenti à chanter ou à jouer d'un instrument dans une soirée, vous devez vous entendre avec la maîtresse de la maison sur le choix de vos morceaux.

Une maîtresse de maison doit une politesse à toute personne qui a consenti à faire partie d'un concert donné par elle; et elle acquitte cette politesse par un dîner, par l'envoi d'une loge, et même par un petit cadeau, si elle est riche et que la personne qu'elle a mise à contribution le soit beaucoup moins qu'elle; seulement ce cadeau doit être fait avec beaucoup de délicatesse pour ne pas ressembler à un paiement.

TABLES DE JEU

On ne peut prendre place à une table de jeu que s l'invitation qui en est faite par le maître ou la ma tresse de la maison.

Ce sont les dames qui choisissent leur place à u table de jeu ; un homme ne doit jamais prendre cet liberté.

Ce sont les maîtres de la maison qui fixent le pr du jeu.

Quand ils ont omis de le faire, c'est à la dame la pl âgée qu'il appartient de le fixer.

C'est insulter un maître de maison que d'augment le tarif fixé par lui.

Les hommes ne doivent s'asseoir à la table de j que quand les dames qui jouent avec eux sont dé assises.

Il est d'usage que chaque personne qui distribue d cartes pour la première fois s'incline avant de co mencer la distribution, et ce petit salut doit lui êt rendu par tous les joueurs.

C'est à la dame la plus âgée parmi les joueurs qu appartient de choisir les cartes.

Un homme ne doit jamais discuter sur les règles jeu avec une dame.

Il est tout-à-fait grossier de chercher à cacher s jeu aux personnes qui entourent la table.

On ne doit pas causer pendant qu'on joue avec l personnes qui entourent la table.

Une jeune femme ne doit prendre place autour d'u

table de jeu que pour être agréable à la maîtresse de la maison.

Une dame même n'étant plus jeune, ne doit pas rester tout une soirée à une table de jeu, si elle sait que sa place peut être agréable à une autre personne.

Une jeune fille ne doit jamais entrer dans le salon où on joue.

Un joueur qui gagne est obligé de donner la revanche à un joueur malheureux qui la lui demande.

Il ne quitte jamais la table de jeu sur un gain, à moins que ce gain n'indemnise de pertes déjà faites dans la même soirée.

DETTES DE JEU

On n'a que vingt-quatre heures seulement pour payer une dette de jeu.

Sous aucun prétexte on ne doit attendre que cette dette vous soit réclamée.

Les joueurs qui perdent doivent payer d'abord les dames qui gagnent et ne paient les hommes qu'après.

Les personnes formant la galerie autour d'une table de jeu, ne doivent pas donner de conseils aux joueurs, à moins que ceux-ci ne leur en demandent, même si elles ont engagé des paris.

Un joueur ne doit jamais recommencer à battre des cartes qui ont été déjà battues par un autre joueur. C'est une insulte.

GALERIE

Si un coup paraît douteux, il faut prendre pour juge

la dame la plus âgée, ou l'homme le plus haut plac
qui se trouve parmi les joueurs.

PETITS JEUX & CHARADES

Si on joue aux *petits jeux* dans un salon, c'est à l maîtresse de la maison qu'il appartient, non-seule ment d'en fixer le genre, mais encore d'en dirige l'exécution.

Les invités doivent se conformer à ses décisions e non chercher à faire prévaloir leur goût, à moins tou tefois que la maîtresse de la maison ne fasse appel la complaisance de l'un d'eux.

Dans les *Jeux innocents*, un homme doit être très circonspect sur le chapitre des pénitences qu'il impos aux dames et surtout aux jeunes filles. Agir autre ment montre un manque complet d'éducation.

Dans les salons de bonne compagnie, le chapitre de *embrassades* est rejeté.

Si un homme reçoit pour pénitence l'ordre de fair une confidence à une dame, il ne doit lui dire tout ba que ce que tout le monde pourrait entendre.

Une jeune fille qui reçoit la pénitence de faire un confidence à un des joueurs doit prier une dame d vouloir bien la remplacer.

Pour les charades comme pour les petits jeux, c'es à la maîtresse de la maison qu'il appartient de le diriger, non-seulement de sa personne, mais encor en mettant à la disposition des joueurs une fou d'objets avec lesquels ils peuvent se travestir.

COMÉDIE DE SOCIÉTÉ

Pour faire jouer la comédie dite de *société* chez soi, il faut avoir un très-grand local et l'arranger en conséquence.

Mal faire les choses en ce genre, est se donner un ridicule.

Une maîtresse de maison qui joue la comédie, doit toujours prendre le plus mauvais rôle d'une pièce qui se joue chez elle.

Dès que l'on a accepté un rôle dans une comédie de société, il ne faut pas, à moins d'une cause très-grave, rendre ce rôle, car ce serait une insulte grave faite au maître de la maison.

Une femme qui n'est plus jeune ne doit jouer un rôle que si elle sait qu'en agissant ainsi elle rend service à la maîtresse de la maison.

Une maîtresse de maison ne doit faire jouer chez elle que des pièces d'une moralité indiscutable.

Les personnes qui ont accepté un rôle doivent remplir leur devoir en conscience, c'est-à-dire non-seulement le bien apprendre, mais encore assister à toutes les répétitions qui sont nécessaires.

Une maîtresse de maison ne doit pas distribuer les rôles, mais les laisser choisir aux personnes qui consentent à jouer la comédie chez elle.

Un homme bien élevé ne doit pas rechercher les rôles *charges*, et s'il en prend un, ce ne doit être que pour rendre service à la maîtresse de la maison.

BILLETS DE LOTERIE

Une femme qui a des billets de loterie à placer ne

doit jamais en offrir à ses invités pendant une soirée ou un bal; elle doit s'adresser aux messieurs qui viennent lui rendre visite.

Une jeune fille ne doit jamais offrir de billets de loterie à un homme.

Les maîtres de maison ne doivent jamais gagner à une loterie qui se tire chez eux. S'il sort un numéro des billets qui leur restent, ils doivent aussitôt remettre en loterie l'objet qui leur est échu.

Si on vous offre des billets de loterie gratis, n'en prenez qu'un.

Si un homme gagne un lot, il doit l'offrir à la fille ou à une des amies de la maîtresse de la maison dans laquelle cette loterie a eu lieu.

SEPTIÈME PARTIE

CONSEILS DIVERS

CHAPITRE PREMIER

LOCATION DES APPARTEMENTS. — CONGÉS

ACTE DE LOCATION — BAUX — LOYERS D'AVANCE — CONGÉS — DÉLAIS DE RIGUEUR — CONGÉS A L'AMIABLE OU PAR HUISSIER — DENIER A DIEU — GROSSES RÉPARATIONS — USAGES — RAMONAGE DES CHEMINÉES — ÉTRENNES

ACTE DE LOCATION

Lorsque vous avez fait choix d'un appartement, vous devez aller voir le propriétaire, ou tout au moins son chargé d'affaires, afin de vous entendre au sujet de la location.

L'acte de location peut se faire sur papier libre, mais en cas de contestations il faut le faire immédiatement enregistrer.

BAUX

Un bail se fait sur papier timbré, l'enregistrement est obligatoire.

LOYERS D'AVANCE

Pour la location d'une boutique ou pour celle d'une maison entière, on doit payer six mois d'avance.

La somme payée est imputable sur les derniers six mois du bail, c'est-à-dire que vous devez payer le terme échu à l'expiration du premier trimestre et ainsi de suite; pendant les six derniers mois seulement vous n'avez rien à payer.

En entrant dans un appartement, dans une maison ou dans une boutique, vous devez faire dresser un état des lieux, signé par le propriétaire; car sans cette précaution vous seriez exposé à des réclamations dont il est difficile de prouver l'injustice.

CONGÉS — DÉLAIS DE RIGUEUR

Pour un loyer au-dessous de 400 fr. on peut donner ou recevoir congé six semaines seulement avant la fin du terme, qui, pour un congé, expire toujours soit le 1er janvier, soit le 1er avril, soit le 1er juillet, soit le 1er octobre, et ce, bien que le loyer ne se paie que le 15 des mêmes mois, un congé, en ce cas, doit être donné soit le 14 février pour le 1er avril, soit le 14 mai pour le 1er juillet, soit le 14 août pour le 1er octobre; soit le 14 novembre pour le 1er janvier, et toujours avant midi, délai de rigueur.

Pour les appartements au-dessus de 400 fr. jusqu'à 2,000 fr., on doit donner congé trois mois d'avance, non le 1er avril pour le 1er juillet, mais le 31 mars pour le 1er juillet, et avant midi également.

Au-dessus de 2,000 fr. les congés se donnent de six mois en six mois.

CONGÉS A L'AMIABLE OU PAR HUISSIER

Si vous êtes en très-bons termes avec votre propriétaire, un échange de lettres suffit pour que le congé soit régulier.

Dans le cas contraire, et si vous craignez quelque contestation, vous signifiez le congé à votre propriétaire par ministère d'huissier.

Dans le premier cas, ne vous contentez pas d'envoyer seulement votre congé, demandez-en soit l'acceptation, soit un accusé de réception par écrit.

DENIER A DIEU

Quand vous louez un appartement vous devez le denier à Dieu au concierge, et ce don varie selon votre location.

Pour un petit appartement : 5 fr.

Si l'appartement est de 1,000 francs, on donne 10 fr.

Si l'appartement est de 1,500 fr., on donne 15 fr.

On donne 20 francs pour une location de 2,000 fr.

GROSSES REPARATIONS

La loi oblige le locataire à supporter les *grosses* réparations, alors même qu'il est gêné dans la jouissance, à condition que les travaux ne durent pas plus de quarante jours. En cas de durée plus longue, vous auriez droit à une indemnité, et devez confier vos intérêts à un avoué.

USAGES

Il est d'usage de donner au concierge une bûche par

voie de bois que l'on fait rentrer dans sa cave au commencement de l'hiver.

Et 2 francs par 1,000 kilos de charbon de terre; mais ce n'est point un droit, c'est seulement un usage auquel on a tort de manquer pourtant, dans l'intérêt de sa tranquillité.

Si vous voulez faire un changement dans l'appartement que vous occupez, demandez, au préalable, l'autorisation, par écrit, de votre propriétaire, sans cela vous pouvez éprouver mille tracasseries, quand même ce changement serait tout-à-fait dans l'intérêt de la maison.

RAMONAGE DES CHEMINÉES

Vous devez faire ramoner vos cheminées au commencement de chaque hiver; sans quoi vous pouvez être inquiété en cas d'incendie.

ÉTRENNES

Vous devez au jour de l'an donner des étrennes à votre concierge. On donne ces étrennes dans les mêmes proportions que le denier à Dieu, c'est-à dire au prorata de la location.

CHAPITRE II

Du Louage des Domestiques

DU LOUAGE DES DOMESTIQUES

DENIER A DIEU
DÉLAI POUR LE RENVOI — LIVRET
VISITE DES MALLES

DENIER A DIEU

Quand un domestique se présente pour se placer chez vous, vous devez lui adresser des questions tendant à vous renseigner sur sa moralité, ses habitudes, ses manières, sur les maisons où il a servi, etc...

Si ses réponses sont satisfaisantes, vous lui remettez une petite somme, dite *denier à Dieu.*

DÉLAI POUR LE RENVOI

Vous avez cependant encore vingt-quatre heures pour vous dédire ; mais en ce cas, le domestique gardera le denier à Dieu que vous lui avez donné, à moins que son renvoi ne soit très-gravement motivé.

Le domestique, tout en ayant reçu votre denier à Dieu, a aussi vingt-quatre heures pour se dédire ; mais en ce cas, il doit renvoyer ou rapporter l'argent, autrement on a le droit de le faire appeler chez le commissaire de police.

Quand on renvoie un domestique ou une servante, il faut les prévenir huit jours d'avance.

Si on veut les renvoyer sur-le-champ et sans cause sérieuse, il faut non-seulement payer les huit jours, mais y ajouter huit jours représentant leur nourriture pendant une semaine, à deux francs par jour.

En cas de motifs graves de renvoi on ne leur doit aucun dédommagement, et si le domestique faisait des difficultés pour sortir, il faudrait envoyer chercher un sergent de ville et le faire conduire chez le commissaire de police.

LIVRET

On a le plus grand tort, quand on prend un domestique ou une servante, de ne pas exiger la représentation du livret, visé par la préfecture de police; c'est la meilleure des garanties

VISITE DES MALLES

On a le droit de visiter, avant leur sortie, les malles et effets des domestiques que l'on renvoie.

DES RAPPORTS AVEC LES MÉDECINS

Lorsqu'on se présente pour la première fois chez un médecin, il faut toujours s'enquérir du prix qu'il fait payer ses visites.

Il n'existe pas de régles absolues pour le règlement des honoraires du médecin, cependant nous croyons devoir indiquer les usages les plus fréquents.

Parmi les médecins, les uns ont l'habitude d'envoyer, à certaines époques déterminées, un relevé de compte de leurs visites, à toute leur clientèle; d'autres, au contraire, attendent que l'on règle leurs honoraires.

Dans le premier cas, aussitôt que l'on reçoit la note des visites, il faut en adresser immédiatement le montant, au plus tard dans la huitaine.

On aura soin de joindre sa carte à cet envoi.

Certaines personnes, et nous en connaissons, profitent de cette occasion pour adresser à leur médecin une lettre de remerciements pour les bons soins qu'il leur a prodigués. Nous ne pouvons qu'approuver cette marque de reconnaissance envers des hommes qui consacrent leur vie à soulager leurs semblables.

Dans le second cas, il faut, à la fin de chaque année envoyer à son médecin la somme que l'on pense devoir représenter le montant de ses honoraires.

CONSULTATIONS

Avant d'aller consulter un médecin, il est également nécessaire de s'informer du prix habituel de ses consultations.

Le prix des consultations varie ordinairement suivant la notoriété du praticien auquel on s'adresse.

Une consultation se paye toujours avant de quitter le cabinet du médecin.

Les cabinets de consultation sont ordinairement tenus par nos plus grandes célébrités médicales.

DES ASSURANCES

ASSURANCES CONTRE L'INCENDIE — MOBILIER — RISQUES LOCATIFS — RECOURS DES VOISINS — PRIMES — SINISTRES — EXPERTISE — ASSURANCES SUR LA VIE — LEUR UTILITÉ — POLICES — FORMALITÉS ET PIÈCES — VISITES DU MÉDECIN.

ASSURANCES CONTRE L'INCENDIE

Dès que vous êtes installé dans un appartement, vous ne devez pas négliger de contracter une assurance contre l'incendie ; cette précaution est d'une prudence élémentaire, car la prime que vous aurez à payer annuellement est insignifiante, comparativement aux pertes que vous auriez à subir en cas de sinistre. Cette vérité est d'ailleurs aujourd'hui universellement comprise, et les assurances sont devenues d'un usage général.

Avant de vous assurer, vous devez procéder à une estimation approximative de votre mobilier, en tenant compte des acquisitions que vous pouvez faire dans un délai plus ou moins rapproché. En tout cas, vous ne courez aucun risque à augmenter cette valeur de 25 %, non dans un esprit de spéculation (car il ne faut pas perdre de vue qu'en cas d'incendie, la valeur des objets détruits sera appréciée par deux experts, se livrant à un examen contradictoire), mais afin d'éviter les déclarations continuelles que pourraient nécessiter de nouvelles acquisitions.

MOBILIER

L'assurance contre l'incendie comprend :

1° Le mobilier en général, lits, literie, meubles meublants, linge, vêtements des deux sexes, ustensiles et provisions de ménage.

Les pierreries *non montées* ne peuvent être assurées, non plus que les billets de banque ou titres d'actions et obligations.

2° Le mobilier industriel (au cas où vous seriez commerçant).

3° Les risques locatifs.

RISQUES LOCATIFS

On entend par *risques locatifs* la responsabilité qui incombe au locataire en cas d'incendie vis-à-vis du propriétaire. Si par exemple, vous, locataire, vous mettez, par imprudence et involontairement, le feu à l'appartement, au local que vous occupez, vous êtes responsable de la valeur des dégâts que l'incendie peut faire subir à l'immeuble; le propriétaire a donc le droit de vous poursuivre pour le paiement des sommes qu'il aurait dépensées en réparations. Il est de toute urgence d'assurer les risques locatifs. La base ordinaire pour la fixation du chiffre à assurer est de quinze fois le loyer. Si donc votre loyer est de 1,000 fr., vous assurerez une somme de 15,000 fr., jusqu'à concurrence de laquelle la Compagnie vous garantit contre tout recours que le propriétaire pourrait exercer contre vous en cas d'incendie.

4° Les risques de voisinage.

RECOURS DES VOISINS

On entend par *risques de voisinage* le recours que peuvent exercer contre l'assuré les personnes dont les propriétés mobilières ou immobilières ont souffert par suite de l'incendie qui s'est déclaré chez lui.

L'assurance du risque de voisinage se base aussi sur le loyer et se fixe à une somme égalant quinze fois la valeur.

Voici le prix moyen des diverses assurances de Paris :

Immeubles	20 c. par mille francs.	
Mobiliers	75	—
Risques locatifs . . .	30	—
Risques de voisinage .	20	—

Ces prix sont modifiés d'ailleurs si la profession exercée par l'assuré offre des dangers d'incendie.

Vous devez soit vous rendre directement aux bureaux de l'une des plus grandes Compagnies, soit vous adresser à un intermédiaire sûr auquel vous désignez la Compagnie que vous avez choisie.

L'agent ou courtier doit rédiger sous vos yeux une *proposition* ou acte provisoire *que vous devez vous refuser à signer*, et sur lequel il constate les indications que vous lui avez préalablement données.

Le lendemain, l'agent vous apporte une *police* ou

acte définitif dressé par la Compagnie. Vous devez le lire avec soin, *imprimé* et *manuscrit*, et ne signer que lorsque vous vous serez fait expliquer et que vous aurez *compris* les diverses obligations auxquelles vous soumet votre contrat, comme aussi celles que prend à votre égard la Compagnie.

PRIMES

Vous payez votre prime d'avance : pour la première année, elle est augmentée de 2 fr. pour coût de la police et de 1 fr. ou 1 fr. 50 pour coût de la plaque. Il est d'usage de prendre cette plaque si on exerce un commerce quelconque. Elle est inutile lorsqu'il s'agit d'une simple assurance de mobilier.

SINISTRES

En cas d'incendie, vous devez immédiatement en donner avis à la Compagnie, faire au juge de paix de votre quartier une déclaration indiquant le jour et l'heure du sinistre, et enfin dresser un état constatant exactement le nombre et la nature des objets incendiés, ainsi que la valeur que vous leur attribuez au moment de l'incendie.

EXPERTISE

Vous choisissez ensuite pour votre expert un homme intelligent et dont la probité vous soit parfaitement connue. Il est en outre indispensable que votre mandataire ait l'habitude des estimations, afin d'être en mesure de discuter le prix des objets incendiés avec l'expert nommé par la Compagnie.

Le procès-verbal d'expertise doit vous être soumis et remis ensuite. Le chiffre qui a été fixé est généralement payé par la compagnie, et vous devez le tenir pour juste, à moins que des circonstances graves ne vous en fassent contester la sincérité. En ce cas, d'ailleurs, adjoignez à votre expert un avoué. Veillez seulement à ce que vos mandataires ne vous entraînent pas dans un procès interminable et coûteux.

ASSURANCES SUR LA VIE

Nous dirons aussi un mot des assurances sur la vie.

Il est d'un bon père de famille de contracter une de ces assurances lorsque le bien-être de sa famille est subordonné à son existence, par exemple lorsqu'il est employé dans une administration ou qu'il est à la tête d'une maison de commerce. Il devra alors s'imposer annuellement un sacrifice minime, qui, en cas d'accident, mette sa femme et ses enfants à l'abri du besoin.

Plus vous serez jeune lorsque vous contracterez cette assurance, et plus la somme que vous aurez à payer comme prime sera modique. Il peut même se présenter ce fait, c'est qu'après un certain nombre d'années les bénéfices de la Compagnie à laquelle vous vous serez assuré soient assez importants pour que vous n'ayez plus de prime à payer.

LEUR UTILITÉ

Cette assurance est ainsi organisée. Vous payez par an une somme de..., et, à votre décès, à quelque époque qu'il arrive (à l'exception des cas de mort volontaire ou de duel) votre famille touchera une somme de....., proportionnelle. En versant 249 francs par année, depuis l'âge de trente ans, vous assurez à vos héritiers à votre décès une somme de 10,000 francs, c'est-à-dire que la prime est de 2,49 °/₀ de la somme assurée.

Si vous ne vous assurez qu'à trente-cinq ans, la prime est de.....°/₀, à quarante ans de.....°/₀.

Vous devez agir pour cette assurance comme nous avons dit plus haut pour l'assurance incendie et n'employer que des intermédiaires d'une probité éprouvée.

Règle générale : se défier de courtiers inconnus.

FORMALITÉS & PIÈCES — VISITES DU MÉDECIN

Les pièces à fournir pour contracter cette assurance sont un acte de naissance, coût 2 francs, et un certificat de médecin. La Compagnie fait généralement visiter le proposant par un docteur dont elle s'est assuré le concours. Cette visite se fait avec la plus grande délicatesse, et quel qu'en soit le résultat, le proposant n'en reçoit aucune impression mauvaise.

POLICES

Le coût de la police, première année est de 5 fr.

Il existe de nombreuses combinaisons d'assurances sur la vie, assurances sur deux têtes, en cas de survie, assurances des dots des enfants, rentes viagères.

Au cas où la combinaison expliquée plus haut ne vous conviendrait pas, le mieux est d'écrire au directeur de l'une des grandes Compagnies. Un inspecteur sera délégué auprès de vous et vous expliquera les diverses combinaisons.

En tout état de choses, adressez-vous de préférence au Compagnies à primes fixes et non aux mutuelles ni aux tontines, non que l'honorabilité de ces dernières soit contestable, mais les primes fixées sont aujourd'hui d'un usage plus général. Cette observation s'applique tant aux assurances contre l'incendie qu'aux assurances sur la vie.

Enfin, il existe des Compagnies d'assurances contre la grêle, la mortalité des bestiaux, le recrutement militaire, les faillites, les accidents de toute nature pouvant atteindre les personnes.

tere, l'élévation des pensées et l'habitude du travail sont demeurés le symbole de l'éducation qu'on y reçoit.

« La *Religion* d'abord. Elle occupe à Arcueil le premier rang dans les préoccupations des maîtres et dans les obligations des élèves. On tient à en faire des chrétiens solidement fondés dans leurs croyances, filialement soumis à l'autorité infaillible de l'Eglise, et d'autant plus déterminés à soutenir leur foi jusqu'à la mort qu'ils sont plus capables d'en apprécier les motifs et les magnificences. A cette foi éclairée et profonde doit se joindre une sincère piété. Ce n'est pas qu'on cherche à imposer par des règles strictement exécutoires, ni à multiplier sans mesure les pratiques religieuses qui ne correspondent pas à un devoir formel. On tient, au contraire, à laisser à l'âme des jeunes gens une certaine initiative dans les choses de surérogation et de zèle, et on se propose particulièrement de créer en eux des habitudes chrétiennes qui puissent résister aux secousses du monde, et durer jusqu'au dernier soupir. Surtout, on fait entrer dans l'esprit religieux de l'Ecole, pour une large part, le goût et l'habitude de la chariré envers les pauvres. Dès l'enfance, les élèves d'Arcueil sont mis en rapport avec les malheureux, et ils font ainsi, peu à peu, l'apprentissage de cette vertu chrétienne qui s'imposera plus tard à eux comme un devoir social.

« Avec la religion, l'*amour du pays*. L'Ecole ne doit pas être un lieu de discussions politiques, et, dans un temps comme le nôtre, il n'appartient pas aux maîtres, fussent-ils ardemment convaincus, de substituer leur influence personnelle aux traditions qui viennent de la famille, ni aux enseignements que l'expérience réserve aux années de l'âge mûr. Mais il reste un devoir qu'un instituteur chrétien peut et doit remplir avant tous les autres : il est tenu de faire aimer la patrie et d'aider ses élèves à comprendre les obligations pratiques qui résultent d'un pareil amour. Ce ne serait pas élever leur âme que de la laisser insensible à l'un des plus nobles sentiments de la nature humaine ; ce ne serait pas aimer son pays que d'être négligent quand il faut lui préparer des bras capables de le défendre et des cœurs désireux de se dévouer à lui. Ici, d'ailleurs, les intérêts de la religion et de la patrie sont visiblement solidaires, soit qu'il s'agisse de douleurs, soit qu'il s'agisse de triomphes, et rien n'est plus vrai que cette parole du P. Captier : « Tout est chré« tien dans la bonne éducation nationale, et tout est na« tional dans la bonne éducation chrétienne. »

« L'*esprit de famille* est aussi l'un des fruits de ce genre d'enseignement : « Sans lui la vie du collége se« rait une vie contre nature, douloureuse et funeste, qu'il « serait coupable d'imposer à un seul enfant. » Car l'enfant, moins encore que l'homme, n'est pas fait pour vivre seul : il a besoin à tout prix de compagnons qui soient ses amis et ses frères, d'une maison qui soit pour lui un foyer, de maîtres qu'il puisse aimer et dont il se sente aimé à son tour. Toutefois « le collége n'est pas le rem« placement de la famille, il doit seulement en être le « serviteur, l'associé et l'ami. Prenez notre temps, disent « les maîtres, usez de notre intelligence, de notre savoir, « de tout nous-mêmes : nous nous mettons au service de « vos enfants. Vous nous prêterez une part de votre au« torité, mais vous en garderez l'essence et vous serez « notre recours dans les moments difficiles. » Nous voulons que votre enfant soit d'autant meilleur fils qu'il sera meilleur écolier; que le souvenir de son père et de sa mère, de ses frères et de ses sœurs soit un des éléments de sa sagesse; que le désir de leur faire honneur lui soit un stimulant et un soutien, comme la joie de les rencontrer et de passer avec eux quelques heures deviendra pour son travail un suprême encouragement.

« Toutes les fois que ce concours, cette union cordiale parvient à s'établir entre la famille et le collége, il n'y a rien qu'on ne puisse entreprendre avec succès. On réussit même à former le caractère par cette action tour à tour publique et secrète que le P. Lacordaire appelle « la tradition de l'obéissance, du respect et du dévoue- « ment. » Mais il faut que chacun y mette du sien. La famille apporte à ce grand œuvre les traditions des aïeux et les souvenirs du foyer; les maîtres multiplient les conseils et les reproches, et se servent tour à tour du langage de l'amitié, de la conscience et de la religion. L'enfant lui-même, pour peu qu'il ait du cœur, comprend bientôt ce qu'on lui demande; il se met à lutter contre l'égoïsme, la sensualité, la paresse et les autres dégradations. Il choisit, il délibère, il se trompe, il se relève, et, sans viser à une originalité de mauvais aloi, il s'exerce peu à peu, sous l'œil de ses parents et de ses maîtres, à sortir de cette foule perpétuellement hésitante entre la rébellion et la lâcheté, et à devenir *quelqu'un*, c'est-à-dire une individualité capable de concevoir des idées, de les examiner avec calme, et, si elles sont bonnes, de les faire prévaloir avec autorité.

« Mais pour devenir quelqu'un, il ne s ffit pas de recevoir des conseils, il faut lutter, et contre soi, et contre ses émules, et contre les obstacles de toute nature qui sont la première condition de la lumière, de la force et de la durée. Sous ce rapport, le régime scolaire est admirable, en ce qu'il donne l'*habitude du travail* et devient sans peine le grand apprentissage de toute la vie. Avec son cortége de règles inflexibles, de notes exactes, d'exigences quotidiennes, de concours, de contrôles et d'exa mens inévitables, la règle de l'Ecole représente assez bie cette loi qui domine presque toujours la vie pratique e qui s'appelle tantôt le besoin, tantôt le devoir. Il faut l dire toutefois : ici la préparation vaut mieux que la réa lité. Ce travail incessant des études a pour but de mettr en jeu les plus nobles instincts de l'âme. En apparence il s'agit d'atteindre le baccalauréat ; en réalité, il s'agi de passer en revue tous les chefs-d'œuvre, tous les triom phes, toutes les magnificences de l'esprit humain. Pen dant que la volonté, pour gagner le diplôme qui ouvr les carrières libérales, se développe et se tend dans u suprême effort, l'esprit embrasse, bon gré, mal gré, dan les lettres, dans l'histoire, dans les sciences, dans les arts tous les grands horizons de la vie, et il faut qu'il soit bien dépourvu de ressources pour ne pas s'élever et se dilate à tant de nobles contacts. En même temps que la pensé grandit, les manières se forment : elles prennent peu peu, sinon toute l'aisance et tout le brillant que donner plus tard l'usage du monde, au moins la distinction qu vient de l'habitude des hautes pensées, et la grâce intim qui s'échappe, sans le savoir, des cœurs restés purs e fidèles à Dieu. Si ces dons extérieurs se complètent a dedans par une foi éclairée, sincère et courageuse, par u vif sentiment des devoirs envers la patrie, par un atta chement profond aux traditions de la famille, par un ca ractère à la fois généreux dans ses aspirations et ferm dans la possession de lui-même, l'éducation du jeun homme sera complète, et, quels que soient les devoirs e les travaux auxquels son avenir est destiné, Dieu, l Patrie et la Famille pourront compter sur lui. »

ÉTRENNES

Les étrennes se donnent comme on veut et à qui on veut, ceci est la chose prise comme principe; mais comme usage généralement adopté on donne :

Aux portiers, le jour de l'an, en raison de son loyer. Ainsi : 5 francs pour moins de 500 francs. — 10 francs de 500 à 800 francs.— 20 francs de 800 à 1,500 francs. 25 francs de 1,500 à 2,000 francs, et on monte de 5 francs en plus par chaque mille francs de son loyer en plus également.

Aux domestiques on donne un mois de leurs gages quand ils sont depuis plus d'une année à votre service, Quand ils y sont depuis moins longtemps on leur donne 20 francs au plus 10 francs au moins.

Dans un grand nombre de châteaux, il est d'usage de tenir, pendant l'été, sous le vestibule une grande boîte bien fermée qui sert de tronc afin que tous vos invités puissent mettre dedans, en s'en allant, les étrennes destinées aux domestiques. De cette façon, les invités ne sont pas victimes d'impositions forcées, en se croyant obligés de donner plus que leurs moyens ne le leur permettent.

On donne pour étrennes à son facteur un franc, si

on a un petit loyer et qu'on reçoive peu de lettres, et de 2 francs et 3 francs pour des loyers plus importants et des correspondances plus suivies. Lorsque l'on est dans le commerce, les étrennes au facteur varient suivant l'importance de la correspondance que l'on reçoit.

On donne 1 franc aux porteurs de journaux.

On donne 1 franc aux garçons des fournisseurs s'ils viennent souvent chez vous,

Il est d'usage en province de donner des étrennes aux domestiques des maisons dans lesquelles on va souvent dîner. A Paris cela ne se fait que dans la bourgeoisie et non dans les grandes maisons.

A la campagne on donne à la cuisinière, à celui ou à celle qui fait votre chambre et à celui et à celle qui vous servent à table. Quant au cocher vous lui donnez s'il vous a conduit seul, mais s'il ne vous a conduit qu'avec son maître, vous ne lui devez rien.

CONSEILS AUX SURVIVANTS

Nous devons à l'obligeance de M. A. VENANT, avocat, auteur du *Code de la Veuve* (1), les notions sommaires qui vont suivre.

DU VEUVAGE

La mort de l'un des époux impose au survivant des obligations et donne ouverture à des droits, qu'il importe de faire connaître.

Avant de les exposer, certaines notions préliminaires doivent être présentées.

Trois cas peuvent s'offrir.

Les époux se sont mariés sous l'empire de la communauté, ou légale, ou conventionnelle, ou sous le régime dotal.

(1) H. Plon, éditeur.

DU RÉGIME EN COMMUNAUTÉ

DE LA COMMUNAUTÉ LÉGALE OU CONVENTIONNELLE.

La communauté *légale* s'établit par la simple déclaration qu'on se marie sous le régime de la communauté, ou à défaut de contrat.

La communauté *conventionnelle* s'établit par un contrat notarié dans lequel les époux peuvent modifier la communauté légale par toute espèce de conventions non contraires aux bonnes mœurs, aux droits résultant de la puissance maritale sur la personne de la femme et des enfants, ou qui appartiennent au mari comme chef, ni aux droits conférés au survivant des époux par les dispositions qui régissent la puissance paternelle, la minorité, la tutelle, l'émancipation des enfants et l'ordre légal des successions.

Les principales modifications sont celles qui ont lieu en stipulant de l'une ou de l'autre des manières qui suivent, savoir :

1° Que la communauté n'embrassera que les acquêts, c'est-à-dire les acquisitions que les époux auront faites ensemble ou séparément durant le mariage, et provenant tant de l'industrie commune que des économies faites sur les fruits et revenus des biens des deux époux ;

2° Que le mobilier présent ou futur n'entrera point en communauté, ou n'y entrera que pour une partie ;

3° Qu'on y comprendra tout ou partie des immeubles présents ou futurs, par la voie de l'ameublissement, c'est-à-dire en rendant l'immeuble ou les immeubles qui sont frappés de l'ameublissement biens de communauté comme les meubles mêmes;

4° Que les époux paieront séparément leurs dettes antérieures au mariage;

5° Qu'en cas de renonciation à la communauté, la femme pourra reprendre ses apports francs et quittes;

6° Que le survivant aura un préciput, c'est-à-dire qu'il sera autorisé à prélever, avant tout partage, une certaine somme ou une certaine quantité d'effets mobiliers en nature;

7° Que les époux auront des parts inégales, c'est-à-dire que l'époux survivant ou ses héritiers auront une part moindre que la moitié, dévolue, en principe général, à chacun des époux, ou seulement une somme fixe pour tout droit de communauté, ou enfin, que la communauté entière, en certains cas, appartiendra à l'époux survivant ou à l'un d'eux seulement;

8° Qu'il y aura entre eux communauté à titre universel, c'est-à-dire une communauté universelle de leurs biens, tant meubles qu'immeubles présents et à venir, ou de tous leurs biens présents seulement, ou de tous leurs biens à venir seulement.

Du reste, la communauté conventionnelle reste soumise aux règles de la communauté légale, pour tous les cas auxquels il n'y a pas été dérogé implicitement ou explicitement par le contrat.

Enfin, les époux ont pu, sans se soumettre au régime dotal, déclarer qu'ils se mariaient sans communauté. ou qu'ils seraient séparés de biens.

DU RÉGIME DOTAL

La dot, sous le régime dotal, comme sous celui de la communauté, est le bien que la femme apporte au mari pour supporter les charges du mariage.

C'est l'inaliénabilité seule qui distingue la dot constituée sous le régime dotal, et tout ce que la femme se constitue sous ce régime ou qui lui est donné en contrat de mariage, est dotal, s'il n'y a stipulation contraire.

Ceci posé, entrons dans le développement des obligations qui incombent à l'époux survivant.

DES OBLIGATIONS IMPOSÉES A L'ÉPOUX SURVIVANT

La succession de l'époux prédécédé est déférée:

Ou aux enfants et descendants du défunt, sans distinction de sexe ou de primogéniture, et encore qu'ils soient issus de différents mariages ;

Ou à ses ascendants, c'est-à-dire au père, à la mère, à l'aïeul, à l'aïeule ou autres ascendants, si le défunt n'a laissé ni postérité, ni frère, ni sœur, ni descendants d'eux ;

Ou enfin, en cas de prédécès des père et mère d'une personne morte sans postérité, à ses frères, sœurs ou leurs descendants, à l'exclusion des ascendants et des collatéraux.

Si les père et mère de la personne morte sans postérité lui ont survécu, ses frères, sœurs ou représentants ne sont appelés qu'à la moitié de la succession.

Si le père ou la mère seulement a survécu, ils sont appelés à recueillir les trois quarts.

Le partage de la moitié ou des trois quarts dévolus aux frères ou sœurs, s'opère entre eux par égale portion, s'ils sont tous du même lit; s'ils sont de lits différents, la division se fait par moitié entre les deux lignes paternelle et maternelle du défunt; les germains (c'est-à-dire ceux qui ont le même père et la même mère) prennent part dans les deux lignes, et les utérins (c'est-à-dire ceux nés d'une même mère, mais non d'un même père) ou consanguins (c'est-à-dire frère ou sœur du côté du père seulement) chacun dans leur ligne seulement; s'il n'y a de frères ou sœurs que d'un côté, ils succèdent à la totalité, à l'exclusion de tous autres parents de l'autre ligne.

A défaut de frères ou sœurs ou de descendants d'eux, et à défaut d'ascendants dans l'une ou l'autre ligne, la succession est déférée pour moitié aux ascendants survivants, et pour l'autre moitié, aux parents les plus proches de l'autre ligne.

S'il y a concours de parents collatéraux au même degré, ils partagent par tête.

Dans le cas qui vient d'être exposé, le père ou la mère survivant a l'usufruit du tiers des biens auxquels il ne succède pas en propriété.

Enfin les parents au-delà du douzième degré ne succèdent pas.

A défaut de parents au degré successible dans une ligne, les parents de l'autre ligne succèdent pour le tout.

Lorsque le défunt ne laisse ni parents au degré successible, ni enfant naturel, la loi dispose que les biens de sa succession appartiennent au conjoint qui lui survit.

Ceci posé, voyons quelles sont les obligations imposées à l'époux survivant lorsque le prédécédé laisse des enfants.

DES SUCCESSIONS DÉFÉRÉES AUX ENFANTS

Après la mort de l'un des époux, la tutelle des enfants mineurs et non émancipés appartient, de plein droit, au survivant des père et mère.

Le père a pu, toutefois, nommer à la mère survivante et tutrice un conseil spécial, sans l'avis duquel elle ne pourrait faire aucun acte relatif à la tutelle, et s'il a spécifié les actes pour lesquels le conseil aura été nommé, la tutrice sera habile à faire les autres sans son assistance.

La mère n'est point tenue d'accepter la tutelle, et en cas qu'elle refuse, elle doit en remplir les devoirs jusqu'à ce qu'elle ait fait nommer un tuteur.

La première obligation imposée à l'époux survivant, tuteur naturel et légal de ses enfants mineurs appelés à recueillir la succession de l'époux prédécédé, sera, avant d'entrer en fonctions, de faire convoquer devant le juge de paix du domicile des père et mère, autrement dit du domicile des mineurs, et pour la nomination d'un subrogé-tuteur, un conseil de famille, composé, non compris le juge de paix, de six parents ou alliés, pris tant dans la commune où la tutelle sera ouverte que dans la distance de deux myriamètres, moitié du côté paternel, moitié du côté maternel, et en suivant l'ordre de proximité dans chaque ligne.

Lorsque les parents ou alliés de l'une ou l'autre ligne se trouvent en nombre insuffisant sur les lieux ou dans la distance qui vient d'être indiquée, le juge de paix appelle soit des parents ou alliés domiciliés à de plus grandes distances, soit, dans la commune même, des citoyens connus pour avoir eu des relations habituelles d'amitié avec le père ou la mère du mineur.

Si l'époux survivant s'était ingéré dans la gestion avant d'avoir rempli cette formalité, le conseil de famille, convoqué soit sur la réquisition des parents, créanciers ou autres parties intéressées, soit d'office par le juge de paix, pourrait, s'il y avait eu dol de la part du tuteur, lui retirer la tutelle, sans préjudice des indemnités dues au mineur.

Le tuteur, père ou mère, est dispensé de faire apposer les scellés. Leur qualité et les sentiments qu'elle fait admettre les entourent de la confiance de la loi.

Mais ce tuteur doit faire procéder immédiatement à l'inventaire des biens dépendant tant de la communauté que de la succession de l'époux prédécédé, en présence du subrogé-tuteur, dont les fonctions consistent à agir pour les intérêts du mineur, lorsqu'ils sont en opposition avec ceux du tuteur.

Les père et mère, tuteurs, tant qu'ils ont la jouissance propre et légale des biens du mineur, sont dispensés de vendre les meubles, s'ils préfèrent les garder pour les remettre en nature, et dans ce cas, ils sont soumis à faire faire, à leurs frais, une estimation à juste valeur, par un expert nommé par le subrogé-tuteur et qui prête serment devant le juge de paix. Ils rendent la valeur estimative de ceux des meubles qu'ils ne pourraient représenter en nature.

La jouissance légale des père et mère s'étend jusqu'à l'âge de dix-huit ans accomplis par le mineur, ou jusqu'à l'émancipation qui pourrait avoir lieu avant cet âge.

Elle cesse à l'égard de la mère dans le cas d'un second mariage.

DES SUCCESSIONS DÉFÉRÉES A AUTRES QUE LES ENFANTS

L'apposition des scellés peut être requise :

1° Par tous ceux qui prétendent avoir droit dans la succession de l'époux prédécédé ;

2° Par tous créanciers fondés en titre exécutoire (c'est-à-dire investis d'un titre notarié ou d'un jugement non attaqué par appel ou confirmé sur appel) ou autorisés par une permission soit du président du tribunal de première instance du lieu de l'ouvertrve de la succession, soit du juge de paix du canton où le scellé doit être apposé ;

3° Et en cas d'absence, soit du conjoint, soit des héritiers ou de l'un d'eux, par les personnes qui demeuraient avec le défunt, et par ses serviteurs et domestiques.

Les prétendants-droit et les créanciers mineurs émancipés peuvent requérir l'apposition des scellés sans l'assistance de leur curateur.

S'ils sont mineurs non émancipés et s'ils n'ont pas de tuteur, ou s'il est absent, elle peut être requise par un de leurs parents.

Enfin, dans certains cas déterminés par la loi, le scellé doit être apposé, soit à la diligence du ministère public, soit sur la déclaration du maire ou adjoint de la commune, et même d'office par le juge de paix.

Le scellé ne peut être levé et l'inventaire fait que trois jours après l'inhumation, s'il a été apposé auparavant, et trois jours après l'apposition, si elle a été faite depuis l'inhumation, sauf le cas où pour des causes urgentes, il en aurait été autrement ordonné par le président du tribunal de première instance.

Le conjoint survivant peut assister à toutes les vacations de la levée de scellés et de l'inventaire, en personne ou par un mandataire.

L'inventaire doit être fait en présence de ce conjoint et des héritiers présomptifs.

DES DROITS DU CONJOINT SURVIVANT

On a vu plus haut que lorsque le défunt ne laissait ni parents au degré successible, ni enfants naturels, les biens de sa succession appartenaient au conjoint qui lui survivait.

Dans ce cas, celui-ci doit faire apposer les scellés et faire faire inventaire dans les formes prescrites pour l'acceptation des successions sous bénéfice d'inventaire.

Puis il doit demander l'envoi en possession au tribunal de première instance dans le ressort duquel la succession est ouverte.

Le tribunal ne peut statuer sur la demande qu'après

trois publications et affiches dans les formes usitées et après avoir entendu le procureur impérial.

D'après une circulaire ministérielle, le premier acte du tribunal doit être inséré dans le *Moniteur;* les trois affiches doivent être apposées dans le ressort du tribunal, de trois en trois mois, et le jugement d'envoi en possession ne peut être prononcé qu'un an après la demande.

L'époux survivant est, en outre, tenu de faire emploi du mobilier ou de donner caution suffisante pour en assurer la restitution, au cas où il se présenterait des héritiers du défunt dans l'intervalle de trois ans. Après ce délai, la caution est déchargée.

L'époux survivant qui n'aurait pas rempli les formalités qui lui sont prescrites, pourrait être condamné aux dommages-intérêts envers les héritiers, s'il s'en présentait.

DE QUELQUES RECOMMANDATIONS ADRESSÉES A LA VEUVE COMMUNE EN BIENS

Dans des vues de prudence et d'intérêt personnel bien comprises, la veuve doit ne point s'immiscer dans les biens de la communauté.

L'immixtion résulte soit de la prise dans un acte de la qualité de *commune*, soit de la cession de ses droits de communauté à des étrangers ou aux héritiers majeurs de son mari, soit en disposant à prix d'argent ou même gratuitement de quelques effets ou en payant quelques dettes de la communauté, alors qu'elle n'aurait d'autre qualité pour disposer ou payer que celle de commune en biens.

La veuve qui s'est immiscée dans les biens de la communauté ne peut plus y renoncer, et par suite, s'affranchir des conséquences qui en dérivent.

La renonciation, quand elle a lieu, doit être faite dans les trois mois et quarante jours après le décès du mari, temps accordé pour faire inventaire et délibérer sur l'acceptation ou la renonciation.

Elle a lieu par un acte dressé au greffe du tribunal de première instance dans l'arrondissement duquel le mari avait son domicile

Pour se mettre à l'abri de toute espèce de reproche d'immixtion dans les affaires de la communauté et conserver intact son droit de renoncer ultérieurement si la situation l'exige, la veuve doit, lors de l'inventaire dont il a été parlé plus haut, et dès l'ouverture de cet acte, recourir à la justice par voie de référé devant le président du tribunal de première instance, afin d'obtenir les autorisations nécessaires pour l'*administration provisoire de la communauté.*

L'attribution de cette administration est exclusive de l'immixtion.

DE LA LIQUIDATION & DU PARTAGE DE LA COMMUNAUTÉ ET DE LA SUCCESSION DE L'ÉPOUX PRÉDÉCÉDÉ

Le cadre que nous nous sommes proposé d'adopter ne permet pas de suivre et d'indiquer les formalités restant à accomplir après l'inventaire dont il a été parlé plus haut, les soins y relatifs étant dévolus aux officiers ministériels créés à cet effet par la loi

Toutefois, nous dirons que nul n'étant tenu de rester dans l'indivision, l'époux survivant peut provoquer le partage de la communauté et de la succession de l'époux prédécédé, dans les formes prescrites à l'égard des mineurs, et en faisant observer que si tous les héritiers sont majeurs, le partage peut être fait dans la forme et par tel acte que les parties intéressées jugent convenable.

Quelle que soit, du reste, la forme à laquelle il y aura lieu de recourir, l'époux survivant aura à faire valoir les donations faites soit par contrat de mariage, soit pendant le mariage, par acte entre vifs ou par testament.

A l'égard de ces donations, nous nous bornerons à indiquer que l'époux peut, soit par contrat de mariage, soit pendant le mariage, pour le cas où il ne laisserait point d'enfants ni descendants, disposer en faveur de l'autre époux, en propriété, de tout ce dont il pourrait disposer en faveur d'un étranger, et, en outre, de l'usufruit de la totalité de la portion dont la loi prohibe la disposition au préjudice des héritiers (1) et pour le cas où l'époux donateur laisserait des enfants ou descendants, qu'il peut donner à l'autre époux, ou un quart

(1) Les libéralités, par actes entre vifs ou par testament, ne peuvent excéder la moitié des biens, si, à défaut d'enfant, le défunt laisse un ou plusieurs ascendants dans chacune des lignes paternelle et maternelle, et les trois quarts s'il ne laisse d'ascendants que dans une ligne.

C'est ce qui constitue *la réserve légale.*

en propriété et un autre quart en usufruit, ou la moitié de tous ses biens en usufruit seulement.

Nous ajouterons que l'homme ou la femme qui, ayant des enfants d'un autre lit, aurait contracté un second ou subséquent mariage, ne peut donner à son nouvel époux qu'une part d'enfant légitime le moins prenant, et sans que, dans aucun cas, ces donations puissent excéder le quart des biens.

Enfin, nous terminerons par une recommandation adressée à l'époux survivant, celle de veiller à ce que les droits de mutation par décès acquis au Trésor public soient acquittés dans le délai de six mois du jour du décès, *à peine de payer, à titre d'amende, un demi droit en sus de celui dû pour la mutation.*

Ces droits sont :

En ligne directe,

Meubles et immeubles, 1 %.

En ligne collatérale,

Entre frères et sœurs, neveux et nièces, oncles et tantes, meubles et immeubles, 6 fr. 50 par 100 fr.;

Entre grands-oncles, grand'tantes, petits-neveux et petites-nièces, cousins-germains, meubles et immeubles, 7 fr. pour 100 fr.;

Entre parents au-delà du quatrième degré et jusqu'au douzième, meubles et immeubles, 8 fr. pour 100 fr.

Lorsque l'époux survivant est appelé à la succession, à défaut de parents au degré successible, il est considéré, quant à la quotité des droits, comme personne *non parente*, et, à ce titre, passible d'un droit de 9%.

A ces divers droits doit être ajouté le décime de guerre.

A l'égard des mutations par décès d'inscriptions sur le Grand-Livre de la dette publique, d'actions et d'obligations des compagnies d'industrie et de finance, françaises ou étrangères, mêmes droits que pour les autres biens de toute nature.

Le capital servant à la liquidation du droit est déterminé par le cours moyen de la Bourse au jour du décès. S'il s'agit de valeurs non cotées à la Bourse, le capital est déterminé par la déclaration estimative des parties, sauf le recours du fisc si l'estimation est reconnue insuffisante.

TABLE

PREMIÈRE PARTIE — MARIAGE

DEUXIÈME PARTIE — NAISSANCE DES ENFANTS

TROISIÈME PARTIE — DÉCÈS ET ENTERREMENTS

QUATRIÈME PARTIE — DES LETTRES EN GÉNÉRAL

CINQUIÈME PARTIE — DES AUDIENCES

SIXIÈME PARTIE — VISITES ET RÉCEPTIONS

SEPTIÈME PARTIE — CONSEILS DIVERS

Imp. E. CAPIOMONT et V. RENAULT, rue des Poitevins, 6.

www.ingramcontent.com/pod-product-compliance
Ingram Content Group UK Ltd.
Pitfield, Milton Keynes, MK11 3LW, UK
UKHW020431200726
13857UKWH00002B/377